Paul Ferrini

Denn Christus lebt in jedem von euch

AURUM VERLAG

Die amerikanische Originalausgabe erschien unter dem Titel
„Love Without Conditions" bei Heartways Press, South Deerfield, MA.

Ins Deutsche übersetzt von Christine Bendner

Umschlaggestaltung: Thomas Schröder

Die Deutsche Bibliothek - CIP-Einheitsaufnahme

Ferrini, Paul:
Denn Christus lebt in jedem von euch ... / Paul Ferrini. (Ins Dt. übers.
von Christine Bendner). - 3. Aufl. - Braunschweig : Aurum-Verl., 2000
Einheitssacht.: Love without conditions.
ISBN 3-591-08446-8

1. und 2. Auflage 1999
3. Auflage 2000
ISBN 3-591-08446-8
© 1994 Paul Ferrini
© der deutschen Ausgabe Aurum Verlag GmbH, Braunschweig
Gesamtherstellung: Westermann Druck Zwickau GmbH

Inhalt

Vorwort

Bei all dem Rummel, der zur Zeit um das Channeling gemacht wird, scheint es mir wichtig, darauf hinzuweisen, daß dies kein gechanneltes Buch ist. Die hier wiedergegebenen Informationen stammen nicht von irgendeiner vom Zuhörer getrennten „Wesenheit" oder Persönlichkeit. Dieses Buch ist das Resultat eines Prozesses, in dem sich ein Zuhörer mit dem Christusbewußtsein verbunden hat, von dem er und Sie wesentliche Teile sind. Die Vorstellung von Jesus als einer vom eigenen Bewußtsein getrennten äußeren Instanz geht am Wesentlichen vorbei. Denn in unserem Innern wendet sich Jesus an uns. Er ist unser engster Freund, der manchmal mit Worten, manchmal ohne Worte zu uns spricht. Unsere Kommunikation und Verbindung mit ihm ist eine wesentliche Voraussetzung für das Praktizieren seiner Lehre.

Wir sollten uns darüber im klaren sein, daß Jesus keine exklusive Stellung innerhalb des Christusbewußtseins einnimmt. Krishna, Buddha, Moses, Mohammed, Lao Tsu und viele andere sind im Bewußtsein dort mit ihm vereint, oder vielleicht sollte ich, um genauer zu sein, eher sagen „hier". Wenn es Ihnen leichter fällt, sich an Buddha oder Krishna zu wenden, dann tun Sie es. Jesus wird nicht beleidigt sein. Im Gegenteil, er wird sich freuen, weil Sie seine Lehre der Einheit leben. Jeder von uns kommuniziert mit dem Christusbewußtsein. (Sie können es, wenn Sie wollen, auch Buddha-Geist oder Brahman oder den heiligen Geist nennen.) Das ist so, weil wir alle mit dem Gottesbewußtsein verbunden sind. Wenn es nicht so wäre, würden wir in absoluter Dunkelheit leben, ohne die geringste Aussicht auf Erlösung.

In jedem von uns existiert ein winziger Funke des Lichts, der die Dunkelheit unseres Unbewußten erhellt. Es ist der göttliche Funke des Bewußtseins, der unsere Verbindung zu Gott aufrechterhält. Dieser Lichtfunke verbindet uns auch mit dem göttlichen Lehrer unserer Tradition und dem göttlichen Kern in unseren Brüdern und Schwestern.

Könnten wir, wie Jesus in diesem Buch betont, diesen Lichtfunken in jedem von uns nur sehen, würde sich alle Dunkelheit in unserer Wahrnehmung und Erfahrung auflösen, und die Welt, wie wir sie kennen, würde verschwinden. So findet die Liebe Eingang in unser eigenes Herz und in die Herzen unserer Brüder und Schwestern.

Glauben Sie nur nicht, daß irgendeine der Widerspiegelungen des Christusbewußtseins ein anderes Ziel verfolgt als die Errichtung des Königreichs der Liebe in unseren Köpfen und Herzen. Das ist ihr einziges Ziel. Mahavira, der heilige Franz, der Baal Schem Tov, Rumi – alle arbeiten auf dieses Ziel hin.

Die Einteilung in verschiedene Religionen ist ein Relikt dieser Welt. Solche Grenzen existieren nicht im Christusbewußtsein, in welchem alle Wesen im Streben nach einem einzigen Ziel vereint sind. Es fällt uns schwer, uns das vorzustellen, aber es ist so.

Jeder, der in der jüdisch-christlichen Tradition aufgewachsen ist, ist irgendwann mit der Lehre Jesu in Berührung gekommen. Das gilt gleichermaßen für Christen und für Juden, aber es gilt auch für Atheisten oder Agnostiker.

Die Juden müssen die Botschaft, die Jesus ihnen brachte, verstehen und annehmen, und die Christen müssen durchschauen, auf welche Weise seine Lehre der Liebe und Vergebung in eine Lehre der Angst und Schuld umgewandelt wurde. Die Atheisten müssen seine revolutionäre Botschaft von der Gleichheit der Menschen verstehen.

Alle, die Jesus entweder abgelehnt oder auf ein Podest gestellt haben, haben seine Lehre mißverstanden. Deshalb muß für uns alle eine Richtigstellung stattfinden. Jesus hält für jeden von uns eine spezielle Botschaft bereit, die uns hilft, unsere Schuld aufzulösen und durch unsere Angst hindurchzugehen.

Jesus erwartet nicht, daß wir zum Christentum übertreten, denn so etwas existiert in Wirklichkeit überhaupt nicht. Das Christentum ist ein Mythos der Trennung. Es trennt den Christen vom Juden, den Moslem vom Buddhisten. Glauben Sie, Jesus hätte eine solche Idee befürwortet? Natürlich nicht!

Ein Mensch, der die Lehre Jesu lebt, befürwortet keinerlei Trennung. Er praktiziert allen Menschen gegenüber Liebe und Vergebung, sich selbst eingeschlossen. Er umarmt den Juden, den Moslem und den Hindu als seinen Bruder. Er versucht nicht, andere zu bekehren, sondern ruht sicher in seinem eigenen Glauben. Er vertritt auch nicht die Ansicht, daß denjenigen, die einen anderen Weg wählen, die Erlösung versagt bleibt. Ein wahrer Nachfolger Jesu weiß, daß Gott viele Wege kennt, auf denen er uns nach Hause führt, und zweifelt nie am guten Ausgang.

Jeder von uns hat die Möglichkeit, eine persönliche Beziehung zu Jesus einzugehen. Diese Beziehung entsteht einfach dadurch, daß wir anfangen, sie uns zu wünschen, und darauf vertrauen. Das erfordert keine bestimmte Technik, keine Anrufung und keine esoterisch-spririttuelle Praxis. Es genügt, das einfache, aber echte Bedürfnis nach seiner Freundschaft und Führung zu haben.

Wir sollten uns darüber im klaren sein, daß Jesus keine Autoritätsperson sein will. Im Gegenteil, er stellt sich allen Autoritäten, außer der Gottes, entgegen. Er bittet uns einfach nur, seine Hand als die eines Ebenbürtigen zu ergreifen und auch all unseren Brüdern und Schwestern mit der gleichen Gesinnung und Achtung zu begegnen.

Seine Lehre mag einfach sein, aber ihre Umsetzung im Alltag erfordert unsere ganze Aufmerksamkeit, unsere ganze Energie, unsere ganze Hingabe. Die Aufforderung, jeden Menschen, dem wir begegnen, als ebenbürtig zu betrachten und alle Fehler zu sehen und zu vergeben, ist eine revolutionäre Lehre. Eine, die unsere Schuld wegwaschen und uns helfen wird, durch unsere Ängste hindurchzugehen.

Als ich an diesem Projekt zu arbeiten begann, tat ich das mit der gleichen Hingabe, die ich auch meinen anderen Büchern entgegengebracht habe. Doch das war nicht genug. In stiller Einsicht verwarf ich ungefähr einhundertfünfzig Seiten guten Materials. Es war einfach nicht das Buch, das zu diesem Zeitpunkt meines Lebens entstehen sollte. Hier wurde etwas Neues von mir verlangt, und ich verlangte etwas Neues von meinem Lehrer.

Ich wünschte mir ein einfaches, klares Buch, das uns helfen würde, unsere Beziehung zu Jesus und seiner Lehre zu klären. Und als ich darum bat, wurde mir klar, daß ein Teil von Paul in den Hintergrund treten mußte, damit er ein solches Buch schreiben konnte. Pauls Identität mußte in Frage gestellt werden. Seine Glaubenssysteme und sein Vokabular mußten aufgeweicht werden. Vorstellungen, die ihm das Gefühl gaben, von anderen getrennt zu sein, mußten weggesprengt werden. Solange dies nicht geschah, konnte das Buch nicht entstehen.

Im Verlauf dieses Prozesses lernte ich, mehr auf meine Beziehung zu Jesus zu vertrauen als auf alles, was ich von ihm oder über ihn gelesen hatte. Auch sah ich Jesus unermüdlich im Leben vieler Menschen wirken, die anscheinend an etwas anderes glaubten als ich.

Glaubenssysteme trennen. Liebevolle Gedanken vereinen. „Wenn du meiner Lehre folgen willst, dann lebe sie mit jedem einzelnen Gedanken. Segne deinen Bruder, auch wenn du anderer Meinung bist als er." Dies hatte Jesus von jeher gelehrt. Er wollte diese Lehre nun lediglich in einem größeren Rahmen verbreiten.

Dieses Buch aus Jesus und dem Christusbewußtsein heraus entstehen zu lassen hieß, alle Bereiche meines Lebens einer Prüfung zu unterziehen. Es ging weniger um eine Änderung meines Schreibstils als um eine grundlegende Veränderung meiner bisherigen Überzeugungen. Ich mußte, als eine Art tägliche spirituelle Praxis, alle „Vorstellungen verwerfen, die Wahrnehmungen oder Gefühle der Trennung hervorrufen".

Ich kann Ihnen versichern, daß ich alles andere als vollkommen in dieser Praxis war. Aber ich empfinde eine tiefe Dankbarkeit für diesen Lernprozeß und dieses Buch, weil beide mir halfen, einen (sehr schwierigen) Schritt nach vorn auf meinem spirituellen Weg zu machen.

Ich hoffe, daß Ihnen dieses Buch die einfache, aber tiefgreifende Praxis der Vergebung und Einheit nahebringen kann, die Ihr Leben grundlegend verändern wird. Es ist jene Praxis, die Jesus in seinem Leben auf dieser Erde zur Vollendung brachte. Und es ist die Praxis, die er uns in jedem Moment empfiehlt, in dem wir uns an ihn wenden und um seine Hilfe bitten.

Das Leiden wird ein Ende haben, wenn wir beschließen, daß wir genug gelitten haben. Jeder von uns beginnt in seinem eigenen Leben nach einer besseren Möglichkeit zu suchen. Glauben Sie, daß Jesus uns jetzt im Stich lassen wird? Glauben Sie, daß der kleine Funke in Ihrem und in meinem Herzen schwächer wird, daß unsere Angst, unsere Schuld und unser Schmerz ihn auslöschen werden? Das kann nicht sein. Die Liebe Jesu', Krishnas, Buddhas und aller aufgestiegenen Meister umgibt uns in unserem einsamen Gebet. Sie nährt den Funken in unseren Herzen und hilft uns, noch mutiger durch unsere Angst und Scham hindurchzugehen. Sie erhellt all unsere begrenzenden Glaubenssysteme und Lebensbedingungen mit göttlichem Licht.

Da das Licht in unserem Innern ist, kann es sich nicht weigern zu scheinen, wenn wir es darum bitten. Das Licht des Christus ist in jedem von uns. Bringen wir es gemeinsam im Namen der Liebe zum Strahlen.

Paul Ferrini
Santa Fe, New Mexico
Dezember, 1993

Einleitung

Zunächst einmal möchte ich dir sagen, daß ich nur in dem Maße durch dich spreche, in dem du bereit bist, die Kontrolle aufzugeben. In diesem Sinne bist du nichts Besonderes. Ich kann durch jeden sprechen, der diese Bereitschaft mitbringt.

Was du hörst, wird zum großen Teil von dem bestimmt, was bereits in deinem Bewußtsein ist. Jeder Mensch, der sich meiner Stimme öffnet, wird sie im Lichte seiner eigenen Wahrnehmungen und Vorstellungen hören. Das ist unvermeidlich. Der Wunsch, mit mir zu kommunizieren, ist eine wesentliche Voraussetzung, die es euch ermöglicht, die Tür zu meiner Gegenwart aufzustoßen. Ich zwinge mich niemandem auf. Die Beziehung zu mir beruht auf Freiwilligkeit und muß von jedem Menschen selbst initiiert werden, wenn er dazu bereit ist.

Ich bin dir so nahe, wie du es wünschst, denn ich bin ja bereits ein Gedanke in deinem Bewußtsein. Und alles, was ich bin, entspringt diesem Gedanken, so wie alles, was ich nicht bin, einem anderen Gedanken entspringt. Das müßt ihr durch Erfahrung lernen.

Es gibt viele, die behaupten, daß ich durch sie spreche, während sie in Wirklichkeit auf eine andere Stimme hören. Meine Stimme ist niemals urteilend oder angsterzeugend. Meine Absicht ist es, jeden von euch zu segnen. Ich möchte, daß jeder von euch ein für allemal weiß, daß er oder sie nicht schuldig ist, außer in der eigenen Vorstellung. Diese eingebildete Schuld kann und muß aufgelöst werden.

Meine Lehre ist ganz einfach: Ich lehre die Vergebung der Sünden. Ich lehre, daß Sünde an sich nicht rseal ist. Sie erscheint euch nur deshalb real, weil ihr glaubt, daß ihr verletzbar seid. Ihr glaubt, daß ihr euer Körper seid, und deshalb meint ihr, wenn euer Körper verletzt wurde, wurde euch etwas angetan , ist euch eine Ungerechtigkeit widerfahren.

Ich weiß, daß es euch sehr schwerfällt, diese Vorstellung loszulassen. Doch gerade darum möchte ich euch bitten. Ihr seid nicht euer Körper, denn der Körper wird geboren und stirbt, und ihr werdet nicht geboren und sterbt nicht.

Du bist kein begrenzender Gedanke, denn jeder Gedanke, der dich begrenzt, ist ein Körper, der einen Anfang und ein Ende hat. Der Körper ist nichts anderes als der Rahmen für deine Vorstellungen. Es gibt dichte Körper und durchlässige Körper, aber alle haben einen Anfang und ein Ende. Alle unterliegen irgendeiner Form der Selbstbeschränkung.

Ich bin ein grenzenloser Gedanke, denn ich dehne mich unaufhörlich in die Formlosigkeit Gottes aus. Es gibt keine Form, die mich umfassen kann. Ich habe mich mit Gott in vollkommener Vergebung vereint. Ich bin frei von Schuld. Ich bin frei von Leid. Ich glaube nicht, daß man mir Unrecht tun kann, so wie ich auch nicht glaube, daß ich die Macht habe, einem anderen Unrecht zu tun. Denn ich weiß ohne jeglichen Zweifel, daß jedes Wesen in Gott gleich ist.

Ich weiß, daß es dir schwerfällt, das zu glauben, denn so vieles, was du in eurer Welt siehst, weist auf Ungerechtigkeit hin. Doch diese Ungerechtigkeiten habt ihr selbst geschaffen. Sie sind eine Unwahrheit, die ihr aufrechterhaltet. Ihr braucht sie nicht länger aufrechtzuerhalten. Zeigt, daß sie nicht real sind, indem ihr die Liebe Gottes auf jeden eurer Brüder ausdehnt. Nur so kann das Königreich Gottes auf dieser Erde erfahren werden.

Kümmere dich nicht darum, was andere tun oder lassen. Es liegt nicht in deiner Verantwortung, ihre Taten oder Handlungen zu bewerten. Übernimm einfach Verantwortung für dein eigenes Denken und Handeln. Denn wenn du mit Gott denkst und handelst, wirst du andere beeinflussen, ohne auch nur ein einziges Wort sagen zu müssen.

Nächstenliebe ist nur möglich, indem man Verantwortung für sich selbst übernimmt. Tu das Beste, das du für dich selbst und andere tun kannst, und überlasse Gott den Rest.

Du bist nicht verantwortlich für die Wahl, die andere treffen, aber auch sie sind nicht für deine Entscheidungen verantwortlich. Dennoch könnt und müßt ihr voneinander lernen, denn deine Entscheidungen unterscheiden sich nicht so sehr von denen deines Bruders. Ihr macht oft die gleichen Fehler.

Fehler sind Gelegenheiten zum Lernen. Indem du deinen Bruder dafür verurteilst, daß er Fehler macht, gibst du vor, selbst fehlerfrei zu sein, aber das bist du nicht. Ich habe euch schon einmal gefragt, und ich frage euch wieder: Wer von euch wirft den ersten Stein?

Du kannst deinen Bruder in deinem Bewußtsein von dem Urteil befreien, das du über ihn fällen willst. Ihn davon zu befreien heißt, ihn zu lieben, denn dadurch bringst du ihn an den einzigen Ort, an dem Liebe existiert – auf die Ebene jenseits aller Wertung. Eine wesentliche Voraussetzung für deine eigene Erleuchtung ist, daß du Meisterschaft über deine Gedanken erlangst. Denn es sind deine Gedanken, die dich dazu bringen, mir zu folgen oder dich von mir zu entfernen. Ich bin, im Gegensatz zu dir, beständig. Ich werde dich nicht verlassen. Ich gehe immer an deiner Seite und warte darauf, daß du mich erkennst.

Wenn du sein willst wie ich, mußt du lernen, zu denken wie ich. Und wenn du lernen willst, zu denken wie ich, mußt du jeden Gedanken, den du denkst, in meine Hände legen. Ich werde dir sagen, ob er hilfreich ist oder nicht. Gedanken, die nicht hilfreich sind, müssen eliminiert werden. Das ist die Grundlage des Bewußtseinstrainings. Nur segnende Gedanken, die uns die Wahrheit in Erinnerung rufen, sollen aufrechterhalten werden.

Meine Lehre wurde verfälscht und wird weiterhin verfälscht werden, weil sie eine Bedrohung für jeden Gedanken der Falschheit darstellt. So bedroht ergreifen die falschen Gedanken Besitz von der Lehre und versuchen, sie so umzuformen, daß sie ihren Interessen dient. Es dauert nicht lange, bis die Worte, die mir zugeschrieben werden, das Gegenteil von dem aussagen, was ich gesagt habe.

Deshalb bitte ich dich, wachsam zu sein. Opponiere nicht gegen diese Verfälschungen, kämpfe nicht dagegen an und versuche nicht, sie in Mißkredit zu bringen, denn das wird sie nur stärken. Aber sei klar in deinem eigenen Denken und weise das Falsche um der Wahrheit willen zurück.

Ein einziger falscher Gedanke kann den Geist, der ihn denkt, in Verzweiflung stürzen. Aber ein einziger wahrer Gedanke kann das Königreich wieder errichten. Achte deshalb auf deine Gedanken. Wähle sie weise. Und wenn du nicht sicher bist, was du denken sollst, dann komm mit deinem Dilemma zu mir. Wenn du dich mir hingibst, so hat das nichts mit irgendeiner Form der Unterwerfung zu tun, die du aus deiner Welt kennst. Die Welt würde deine Hingabe benutzen, um dich zu kontrollieren, ich aber würde sie nutzen, um dich sanft von aller Falschheit zu befreien und dir dein wahres Selbst zurückzugeben.

Diejenigen, die mein Werk tun, ermutigen dich, dich selbst zu lieben und so anzunehmen, wie du jetzt bist. Die, die gegen mich arbeiten, finden viele Mängel an dir, die sie beheben wollen. Sie würden dich von sich abhängig machen, um dich zu retten. Akzeptiere solche Lügen nicht. Lerne zu unterscheiden. Niemand auf dieser Welt hat eine bessere Antwort für dich als die, die du durch das Vertrauen in dich selbst und in mich finden wirst.

Das Grundproblem

Niemand ist so unnachsichtig mit dir wie du selbst. Wie all deine Brüder und Schwestern leidest du an einem grundlegenden Gefühl der Unzulänglichkeit und Wertlosigkeit. Du hast das Gefühl, schreckliche Fehler gemacht zu haben, die früher oder später von bestimmten Autoritätspersonen oder von irgendeiner abstrakten spirituellen Autorität wie Gott oder dem karmischen Gesetz bestraft werden.

Diese unerledigten Angelegenheiten in bezug auf deinen Selbstwert sind die Rahmenbedingungen deiner Inkarnation. Mit anderen Worten, du bist hier auf dieser Erde, um daran zu arbeiten und sie abzuschließen. Du hast dir Eltern gewählt, die dein Schuldgefühl noch verstärken, damit es dir bewußt wird. Deshalb werden Schuldzuweisungen ihnen gegenüber dir nicht helfen, die Bedingungen aufzuheben, die ihr der Liebe auferlegt habt. Der einzige Weg aus diesem Dilemma besteht darin, daß du dir deiner eigenen, auf Schuldgefühlen und Angst beruhenden Glaubens- und Verhaltensmuster immer bewußter wirst.

Auch dadurch, daß du dich auf die Suche nach einem besonderen Menschen machst, der dir die Liebe geben soll, die dir deine Eltern nicht geben konnten, wirst du nichts gewinnen. Das erhöht nur die Temperatur im Dampfkochtopf. Sei nicht überrascht, wenn der Partner, den du wählst, sich als die perfekte Verkörperung des Elternteils herausstellt, mit dem du am meisten zu bereinigen hast. Es ist unvermeidlich, daß du mit deinen eigenen

Wunden konfrontiert wirst. Eltern, Ehepartner und Kinder sind hier, um dir zu helfen, dein eigenes Bedürfnis nach Heilung zu erkennen, und du erfüllst die gleiche Funktion in ihrem Leben.

Die Suche nach bedingunsloser Liebe muß in einer Welt der Bedingungen unweigerlich fehlschlagen. Da alle deine Brüder und Schwestern auf der Grundlage von Scham und Schuldgefühlen handeln, können sie dir nicht die Liebe geben, die du sehr wohl verdienst, und auch du kannst sie ihnen nicht geben. Ihr könnt euch bestenfalls gegenseitig helfen, indem ihr euch die Notwendigkeit dieser Liebe bewußt macht und anfangt, sie euch selbst zu geben.

Wenn du nicht die Verantwortung übernimmst und bereit bist, deine eigenen Wunden mit Liebe zu heilen, wirst du dem Teufelskreis von Angriff und Verteidigung, Schuld und Scham niemals entkommen. Deine Gefühle der Wut und Verletztheit, die alle gerechtfertigt scheinen, werden das Feuer der Beziehungskonflikte nur anheizen und deine unbewußte Überzeugung verstärken, nicht liebenswert und unfähig zu lieben zu sein.

Du mußt lernen, das Ausmaß deines Selbsthasses zu erkennen. Solange du nicht in den Spiegel schaust und deine eigenen Glaubensmuster darin erkennst, wirst du jeden Bruder und jede Schwester, die dir begegnen, als Spiegel benutzen, der dir zeigt, was du von dir selbst hältst. Obwohl nichts gegen diese Praxis einzuwenden ist, führt sie nicht auf dem kürzesten oder leichtesten Weg nach Hause, denn natürlich wirst du stets dazu neigen, das, was du siehst, für die Lektion des anderen zu halten.

Wenn du aus den üblen psychologischen Spielen der Welt aussteigen willst, mußt du das Spiel der Projektion aufgeben. Dieses Spiel verbirgt deinen unbewußten Todestrieb hinter einer Fassade von Schuldzuweisung und konditionierter Moral. Die Ironie dabei ist, daß du, indem du auf Kosten deines Bruders jegliche Schuld von dir weist, deine eigenen Schuld- und Minderwertigkeitsgefühle verstärkst.

Den Teufelskreis von Schuldgefühl und Schuldzuweisung kannst du nur durchbrechen, indem du darauf verzichtest, andere zu beschuldigen. Es gibt keinen anderen Ausweg. Sei dir jedoch im klaren darüber, daß du dich nicht sehr beliebt machst, wenn du aus dem Kreislauf des Leidens aussteigen möchtest. Diejenigen, die das weltliche Spiel der Projektion nicht mitspielen, werden als erste angegriffen. Auch wenn du aus meiner Lebensgeschichte sonst nichts gelernt hast, das wirst du gelernt haben!

Jeder, der zu seiner eigenen Angst steht, ohne sie auf andere zu projizieren, ist eine Bedrohung für dieses Spiel, das alle Welt spielt. Jeder, der Verantwortung für seine eigenen mörderischen Gedanken übernimmt und versucht, ihre Wurzeln innerhalb seines eigenen Bewußtseins aufzuspüren, bedroht die von der Gesellschaft geschaffene Moral.

In der menschlichen Gesellschaft gibt es richtig und falsch. Diejenigen, die sich richtig verhalten, werden belohnt. Wer sich falsch verhält, wird bestraft. So war es von jeher.

Meine Lehre stellt diese grundsätzliche Annahme in Frage. Auf der oberflächlichsten Ebene stellt sie die Vorstellung in Frage, daß falsches Verhalten bestraft werden sollte. Angesichts des Rufes nach Vergeltung bin ich für Vergebung eingetreten und werde es weiterhin tun.

Auf einer tieferen Ebene stellt meine Lehre die Überzeugung in Frage, daß jemand für sein Verhalten verdammt werden sollte. Wenn sich jemand falsch verhält, so tut er das, weil er falsche Gedanken denkt. Wenn er erkennen kann, daß er falsch denkt, kann er sein Verhalten ändern. Und es liegt im Interesse der Gesellschaft, ihm dabei zu helfen. Eine Bestrafung wird seine falschen Vorstellungen jedoch verstärken und ihnen noch die Last der Schuld hinzufügen.

Bestimmt kennst du die Redensart: „Doppeltes Unrecht schafft kein Recht." Das ist die Grundlage meiner Lehre. Alle Fehler müssen auf die richtige Art und Weise korrigiert werden. Sonst wird die Korrektur zum Angriff.

Indem man gegen eine falsche Vorstellung opponiert, gegen sie ankämpft oder argumentiert, verstärkt man sie. Das ist der Weg der Gewalt. Mein Weg ist der gewaltlose Weg. Er zeigt im Umgang mit dem Problem die Lösung auf. Auf diesem Weg nähert man sich den Leidenden mit Liebe, nicht mit Angriffen. Auf meinem Weg stehen die Mittel im Einklang mit dem Zweck.

Unrecht zu tun bedeutet, das Schuldprinzip zu lehren und den Glauben zu stärken, daß Leid und Schmerz notwendig sind. Recht zu tun bedeutet, Liebe zu lehren und ihre alles Leiden überwindende Kraft zu demonstrieren. Einfach ausgedrückt heißt das, du bist nie im Recht, wenn du Unrecht tust, und du bist nie im Unrecht, wenn du Recht tust. Um im Recht zu sein, tue das Rechte.

Du kannst nicht auf lieblose Weise lieben. Du kannst nicht das Unrechte angreifen und im Recht sein. Fehler müssen korrigiert werden. Und da Angst die Ursache aller Fehler ist, kann nur die Auflösung der Angst diese Korrektur bewirken.

Liebe ist die einzige Reaktion, die Angst auflösen kann. Wenn du das nicht glaubst, versuche es. Liebe irgendeine Person oder Situation, die Angst in dir auslöst, und die Angst wird verschwinden. Das ist wahr – aber nicht so sehr, weil Liebe ein Gegenmittel gegen Angst ist, sondern weil Angst die „Abwesenheit" von Liebe ist. Deshalb kann die Angst nicht weiterexistieren, wenn Liebe da ist.

Die meisten von euch verstehen sehr viel von der Angst, aber sehr wenig von der Liebe. Ihr habt Angst vor Gott, Angst vor mir und Angst voreinander.

Warum hast du Angst? Weil du glaubst, daß du weder liebenswert bist, noch fähig, einen anderen Menschen zu lieben. Dieses Glaubensmuster ist das einzige, das geändert werden muß. Jegliche Negativität wird von dir abfallen, wenn du diesen einfachen, falschen Glaubenssatz über dich selbst korrigierst. Du, mein Freund, bist nicht, was du zu sein glaubst. Du bist nicht einfach eine Ansammlung all deiner negativen Gedanken und Handlungen. Du glaubst, du seist das, aber du bist es nicht.

Du bist Gottes Kind, so wie ich Gottes Sohn bin. Alles was gut und wahr an Gott ist, ist gut und wahr an dir. Würdest du diese Tatsache auch nur einen einzigen Augenblick lang akzeptieren, würde sich dein Leben grundlegend verändern. Würdest du das in bezug auf deinen Bruder oder deine Schwester in diesem Augenblick akzeptieren, würden sich sämtliche Konflikte zwischen euch auflösen.

Was du siehst, ist ein exakter Spiegel dessen, was du glaubst. Wenn du glaubst, daß du schuldig bist, dann wirst du eine Welt voller Schuld sehen. Und eine solche Welt wird bestraft werden – genau wie du bestraft werden wirst.

„Gott wird dich zerschmettern. Gott wird die Welt zerstören. Gott wird sich rächen." Das, mein Freund, sind die Gedanken, die dir durch den Kopf gehen. Das sind die absurden Vorstellungen, die du mit mir verbindest, wie blasphemisch sie auch sein mögen! Glücklicherweise verstehe ich, daß dies nur deine etwas grobe Art ist, dich selbst niederzumachen.

Es ist eine Verzögerungstaktik. Irgendwann wirst du ihrer überdrüssig sein. Es wird nicht mehr allzu lange dauern, bis du anfängst, das gesamte Konzept der Schuld – auf individueller und kollektiver Ebene – fallenzulassen und dich auf deine Heimkehr zu freuen.

Mein Freund, ich erwarte diesen Moment vollkommener Ehrlichkeit und Verantwortlichkeit mit großer Freude und Gewißheit. An dem Tag, da du das Gute in dir und in deinem Bruder als ein und dasselbe erkennst, wird alles, was dich von Gott trennt, von dir abfallen, und du wirst in all deiner Herrlichkeit neben mir stehen.

Dann wirst du jenseits aller Zweifel wissen, wie sehr Gott dich liebt. Dann wirst du wissen, daß Seine Liebe dich nie verlassen hat, nicht einmal auf dem Höhepunkt deines Wahnsinns, als du glaubtest, sie sei es, die dich bestraft und deine Welt zerstört hat. Dann wirst du um die Schöpferkraft deines Geistes wissen, und du wirst dich dafür entscheiden, gemeinsam mit Gott, nicht von ihr getrennt, schöpferisch zu sein.

Praxis

Das Wort Praxis kann leicht mißverstanden werden. Was willst du praktizieren, außer dem, das du bereits kennst? Und was außer Schuld, Angst und Angriff kennst du? Gewiß willst du nicht länger jenes Denken und Handeln praktizieren, das dein Leiden verursacht! Aber was sollst du praktizieren? Vielleicht könntest du einfach damit beginnen, Achtsamkeit zu praktizieren. Übe Achtsamkeit in bezug auf dein Schuldgefühl, deine Angst und deine Angriffsbereitschaft. Verschleiere sie nicht, leugne sie nicht, projiziere sie nicht auf andere. Schau dir diese Dinge einfach an, wenn sie in deinem Bewußtsein aufsteigen.

Wenn du wütend oder deprimiert bist, frage dich einfach: „Warum bin ich wütend? Warum habe ich das Gefühl, mich verteidigen zu müssen? Wovor habe ich Angst?" Fahre fort, dir diese Fragen zu stellen, bis du den Ursprung deiner Wut und deiner Angst zu sehen beginnst. Wenn du durch diese emotionalen Schichten gelangt bist, dann frage dich: „Wo liegt hier meine Schuld?"

Nach welcher Schuld fragst du? All deine negativen Gefühle entspringen deinem unbewußten Schuld-/ Schamgefühl. Dies muß dir bewußt werden. Es muß ins Bewußtsein gehoben werden, damit du es loslassen kannst. Deine Angst vor Vergeltung entspringt deinen Gefühlen der Unzulänglichkeit und Wertlosigkeit. Wenn du glaubst, daß mit dir etwas nicht in Ordnung ist oder daß du etwas Schlechtes getan hast, hast du Angst davor, betraft zu werden. Und wenn du Angst vor Bestrafung hast, wirst du dich gegen alle eingebildeten Angriffe verteidigen. Wann immer wenn du das Gefühl hast, daß jemand deinen Wert in Frage stellt, wirst du bereit sein, den Abzugshahn zu drücken.

Diese ganze Inszenierung um Schuld und Vergeltung spielt sich nur in deinem eigenen Kopf ab. Wenn du sie nach außen projizierst, ziehst du andere mit hinein, und dann müßt ihr das Problem gemeinsam lösen. Es ist unwahrscheinlich, daß du irgendein Problem mit jemand anderem lösen kannst, wenn dir nicht bewußt ist, welches dein eigener Anteil an diesem Problem ist.

Besser ist es, sich zunächst die eigenen Gedanken bewußt zu machen. Denn dann wirst du nicht nur feststellen, daß Schuld die Wurzel allen Leidens ist, sondern auch, daß es notwendig ist, sich selbst zu vergeben. Ohne Selbstvergebung gibt es keine Befreiung von der Schuld. Also spielt sich auch das Drama der Erlösung nur in deinem eigenen Kopf ab.

Du selbst bestimmst, ob du unschuldig oder schuldig bist. Es spielt keine Rolle, wie viele Leute dich schlecht behandelt haben. Sie zu beschuldigen wird dir nicht helfen. Du bist der Richter, der das Urteil verkündet. Und solange du einen anderen Menschen für deine Probleme verantwortlich machst, weigerst du dich, dir selbst zu vergeben.

Der Richter und die Jury existieren nur in deinen eigenen Gedanken. Du hast deine Schuld festgelegt. Jetzt mußt du sie wieder auflösen. Solange du deine Schuld nicht auflösen kannst, kannst du deine Unschuld nicht erkennen. Um nichts anderes geht es bei der Vergebung. Es geht nicht darum, anderen zu vergeben, sondern allein darum, sich selbst dafür zu vergeben, daß man sich für schuldig erklärt hat.

Das ist die Ebene der Praxis. Es gibt keine Situation, auf die diese Praxis nicht anwendbar ist. Das ganze Szenario deines Lebens ist ein Feld der Selbsterforschung. Mache dir jeden deiner Gedanken und jedes deiner Gefühle bewußt, und schon bald wirst du den Ursprung deines Schuldgefühls und deines daraus resultierenden Leidens gefunden haben.

Niemand kann sich vor dieser Arbeit drücken. Sie ist ein wesentlicher Teil des Lehrplanes, dessen Ziel das Erwachen ist. Je schneller du das erkennst, desto leichter wird es dir fallen, die Arbeit zu tun.

Dein Nächster

Du neigst ständig dazu, die Bedeutung zu überschätzen, die dein Nächster in deinem Leben hat. Auf der einen Seite würdest du ihn gern für all deine Probleme verantwortlich machen und ihn kreuzigen – wie du mich gekreuzigt hast. Auf der anderen Seite stellst du ihn auf ein Podest und betest ihn an – wie du mich anbetest. Es fällt dir jedoch sehr schwer, deinen Nächsten als gleichwertigen Partner zu behandeln. Indem ich dich aufgefordert habe, deinen Nächsten zu lieben wie dich selbst, gab ich dir eine sehr einfache Regel mit auf den Weg. Wenn du allerdings nicht in der Lage bist, dich selbst zu lieben, wird es dir kaum gelingen, deinen Nächsten zu lieben.

Dich selbst lieben zu lernen und deinen Nächsten lieben zu lernen geht Hand in Hand. Du kannst deinen Nächsten nicht lieben und dich selbst hassen oder dich selbst lieben und deinen Nächsten hassen. Die Gefühle, die du für deinen Nächsten hegst, spiegeln einfach nur deine Gefühle für dich selbst.

Deshalb helfen dir die Beziehungen zu deinen Mitmenschen zu erkennen, was du dir selbst zu vergeben hast. Wenn du deinem Nächsten vergibst, der dir unrecht getan hast, so nützt ihm das nur, wenn es ihm hilft, sich selbst zu vergeben. Ebenso nützt dir die Vergebung des Unrechts, das du einem anderen Menschen angetan hast, nur dann, wenn sie dir hilft, dir selbst zu vergeben.

Vergebung durch andere ist nur notwendig, wenn du glaubst, daß sie notwendig ist. Wenn du, wie die meisten Menschen, davon überzeugt bist, es sei wichtig, Wiedergutmachung zu leisten, dann ist es wichtig. Indem du andere um Vergebung bittest, zeigst du, daß du bereit bist, deine Einstellung zu dem, was geschehen ist, zu ändern. Das ist ein wichtiger erster Schritt.

Mache jedoch nicht den Fehler, einem anderen die „Macht" zu geben, dir zu verzeihen. Sonst projizierst du Macht nach außen, dorthin, wo sie nie sein kann. Bitte um Vergebung, aber fürchte nicht, daß dir nie vergeben wird, wenn der andere sie dir verweigert. Dir wird immer vergeben. Diejenigen, die Vergebung verweigern, verweigern sie nur sich selbst.

Wenn du dich dabei ertappst, daß du deinen Bruder verdammst, kannst du sicher sein, daß nicht er es ist, den du verdammst. Es ist ein verborgener Teil deiner selbst, den du bisher verleugnet hast. Die Erkenntnis, daß andere unzulänglich sind, wird nicht bewirken, daß du dich besser fühlst, im Gegenteil, sie verstärkt nur das Gefühl deiner eigenen Wertlosigkeit.

Angriffe auf deine Mitmenschen werden dir weder Gerechtigkeit noch Erlösung bringen. Sieh es, wie es ist. Mit jedem Nagel, den du in die Hand deines Nächsten schlägst, nagelst du dich selbst fester ans Kreuz. Ich bin der Beweis. Denn ich werde in deiner Vorstellung am Kreuz bleiben, bis alle Angriffe aufhören. Bis dahin haben wir etwas gemeinsam: Wir wurden beide gekreuzigt.

Im Umgang mit deinem Nächsten stehst du vor einer einfachen Entscheidung. Du kannst ihn für unschuldig oder für schuldig erklären. Mit dieser Entscheidung wirst du immer wieder konfrontiert, tagein, tagaus, in jeder Stunde, jedem Augenblick. Mit jedem Gedanken kerkerst du deinen Nächsten ein oder läßt ihn frei. Und wie du ihn beurteilst, so beurteilst du dich selbst.

Du kannst nicht ins Himmelreich eingehen, wenn du deinen Nächsten niederhältst, noch gelangst du dorthin, indem du versuchst, ihn zu tragen. Jeder von euch wurde mit der Fähigkeit ausgestattet, seine eigene Unschuld zu entdecken. Du brauchst nichts weiter zu tun, als deinen Nächsten zu achten und ihm deinen Segen mit auf seine Reise zu geben. Wenn er dich um Hilfe bittet, laß sie ihm freudig zuteil werden. Aber versuche nicht, etwas für ihn zu tun, was er selbst tun muß.

Grenzen sind notwendig, damit du darüber hinausgehen kannst. Mache deinen Bruder nicht für dein Glück und deinen inneren Frieden verantwortlich, aber übernimm auch du nicht die Verantwortung für sein Glück und seinen Seelenfrieden. Er ist nicht hier, um dich zu retten, noch bist du hier, um ihn zu retten.

Befreie andererseits deinen Nächsten von jeglichem Groll, den du gegen ihn hegst. Enthalte ihm nicht auf irgendeine Weise Liebe vor. Wenn du versuchst, ihn von seinem Glück fernzuhalten, so ist das ein Angriff auf ihn, mit dem du dich selbst der Angst und Schuld anheim gibst.

Weiche dem Hilferuf deines Nächsten nicht aus. Laß ihn Seite an Seite mit dir sein, solange er möchte. Und wenn er bereit ist zu gehen, wünsche ihm alles Gute. Gib ihm zu essen und zu trinken auf seine Reise mit. Versuche nicht, ihn dir zu verpflichten oder ihn gegen seinen Willen zum Bleiben zu zwingen.

Die Freiheit deines Nächsten ist nichts als ein Symbol für deine eigene Freiheit. Laß ihn deshalb in Würde kommen und gehen. Heiße ihn willkommen, wenn er kommt, und sage ihm Lebewohl, wenn er geht. Mehr kannst du nicht tun. Doch das ist genug. Behandle jeden Fremden auf diese Weise, und ich werde dir eine Welt zeigen, in die das Vertrauen zurückgekehrt ist und wo die Nächstenliebe regiert.

Liebe deinen Nächsten wie dich selbst. Nimm ihn genauso wichtig wie dich. Opfere dich nicht für ihn auf, und bitte ihn nicht, sich für dich aufzuopfern, aber hilf ihm, wenn du kannst, und nimm seine Hilfe dankbar an, wenn du sie brauchst. Dieser einfache, in gegenseitiger Achtung stattfindende Austausch ist eine Geste der Liebe und Akzeptanz. Er demonstriert gegenseitiges Vertrauen und gegenseitige Achtung. Mehr als das ist zu viel, weniger als das ist zu wenig.

Interpretation

Du interpretierst alles, was in deinem Leben geschieht, auf der Basis deiner Grundannahmen und der durch sie verursachten emotionalen Zustände. Die Erfahrung der Enttäuschung beispielsweise steht in direktem Zusammenhang mit deinen Schuld- und Minderwertigkeitsgefühlen. Wenn deine Erwartungen nicht erfüllt werden, so bedeutet das nur, daß das Leben dich korrigiert. Es sagt dir, daß du nicht die ganze Wahrheit einer bestimmten Situation siehst. Du wirst aufgefordert, deine Wahrnehmung auszudehnen. Diese Korrektur ist kein Angriff, sie ist keine Bestrafung.

Die Wahrnehmung, daß du angegriffen oder bestraft wirst, wenn sich die Dinge nicht deinen Vorstellungen entsprechend entwickeln, entspringt ausschließlich deinen Schuldgefühlen. Ohne dieses Schuldgefühl würdest du diese Korrektur dankbar annehmen, und deine Wahrnehmung würde sich ausdehnen und die neue Information aufnehmen.

Alle deine Erfahrungen dienen nur einem einzigen Zweck: Sie sollen dein Bewußtsein erweitern. Jede andere Bedeutung, die du in deinen Lebenserfahrungen siehst, ist eine von dir erfundene Bedeutung. Du entscheidest wahrscheinlich nicht auf einer bewußten Ebene, welche Erfahrungen du machst, aber auf jeden Fall interpretierst du alles, was geschieht, auf der Grundlage deiner Glaubensmuster.

Deine höchste Freiheit liegt darin, die Erfahrungen anzunehmen, mit denen du konfrontiert wirst, und aus ihnen zu lernen. Du kannst diese Erfahrungen natürlich zurückweisen. Du kannst dich weigern, aus ihnen zu lernen. Aber diese Entscheidung verursacht Leiden. Wenn du das jetzt noch nicht weißt, wird es nicht mehr lange dauern, bis du es erkennst.

Vielleicht fragst du: „Kann ich das Leiden beenden, indem ich meine Erfahrung annehme und aus ihr lerne?" Das ist eine sehr gute Frage. Du kannst nicht nur das Leiden beenden, sondern auch die Freude erleben, mit Gott vereint zu sein. Denn durch das Annehmen deiner Erfahrung findet die Korrektur statt, und deine Gedanken werden mit dem göttlichen Bewußtsein in Einklang gebracht.

• Das Leben ist entweder Widerstand oder Hingabe. Das sind die einzigen Möglichkeiten. Widerstand verursacht Leiden. Hingabe führt zur Glückseligkeit. Widerstand ist nichts anderes als die Entscheidung, allein zu handeln. Hingabe ist die Entscheidung, gemeinsam mit Gott zu handeln. Du kannst keine Freude in deinem Leben erfahren, indem du gegen die Vorstellungen oder Handlungen anderer Menschen opponierst. Du kannst nur Freude erfahren, indem du der Wahrheit in deinem eigenen Herzen treu bleibst. Und diese Wahrheit weist andere nie zurück, sondern heißt sie willkommen.

Wahrheit ist eine Tür, die immer offen steht. Du kannst diese Tür nicht schließen. Du kannst dich nur entscheiden, nicht einzutreten. Du kannst in die entgegengesetzte Richtung gehen. Aber du kannst niemals sagen: „Ich habe versucht einzutreten, aber die Tür war verschlossen." Diese Tür ist weder für dich noch für irgend jemand anderen jemals verschlossen.

Wenn du das Gefühl hast, daß dir die Tür vor der Nase zugeschlagen wurde, hast du deine Erfahrung auf der Grundlage von Angst interpretiert. Du glaubst, daß die Tür geschlossen ist. Das ist sie nicht, aber deine Vorstellung, die Tür sei verschlossen, kann dich und andere davon überzeugen, daß es so ist.

Ihr seid alle Meister im Verdrehen der Wahrheit. Ihr besitzt die kreative Fähigkeit, allem die Bedeutung zu geben, die ihr sehen wollt. Ihr könnt ein „Ja" nehmen und ein „Nein" daraus machen, ihr könnt aus „falsch" „richtig" machen. So stark sind eure Glaubenssätze. Aber die Wahrheit hört nicht auf, wahr zu sein, nur weil ihr sie verdreht habt. Ihr habt es lediglich geschafft, die Wahrheit erfolgreich vor euch selbst zu verbergen.

Es ist also von recht großer Bedeutung, wie du deine Erfahrungen interpretierst. Wirst du, wenn deine Erwartungen enttäuscht werden, die Korrektur akzeptieren, oder wirst du darauf beharren, daß du unfair behandelt worden bist? Bist du das Opfer der Ereignisse oder ein Mensch, der sie nutzt, um daraus zu lernen? Siehst du deine Erfahrungen als Segen oder als Bestrafung? Das ist die Frage, die du dir immer stellen mußt.

Jede Erfahrung ist eine Gelegenheit, die Wahrheit anzunehmen und die Illusion zurückzuweisen. In diesem Sinne gibt es keine besseren oder schlechteren Erfahrungen. Alle Erfahrungen tragen das gleiche Potential in sich. Sie sind der Geburtsort deiner Göttlichkeit. Deshalb brauchst du niemals zu verzweifeln. Du wirst immer eine weitere Gelegenheit bekommen, es anders zu machen.

Hör nicht auf die, die dir etwas anderes sagen. Es gibt kein abschließendes Urteil, außer jenem, das du über dich selbst fällen wirst, wenn du dich mit meinen Augen siehst.

Vielleicht glaubst du mir im Moment nicht. Vielleicht bist du überzeugt, daß du das Leid anderer verursacht hast oder ein Opfer ihrer Taten bist, aber ich werde nicht aufhören, dir diese Dinge zu sagen, nur weil du meine Worte zurückweist. Weshalb sollte es für mich von Bedeu-

tung sein, wie lange du brauchst, um aufzuwachen? Zeit
hat mit Sicherheit keine Bedeutung für mich. Und sie hätte auch keine Bedeutung für dich, wenn die Wahrheit gesagt würde. Du hast jede Menge Zeit, um Fehler zu machen und daraus zu lernen.

Wenn jeder von euch die Lektionen gelernt hat, derent-
halben er hierher kam, wird diese Welt nicht mehr notwendig sein. Dieses physische Universum, das euch so
dauerhaft erscheint, wird sich in nichts auflösen. Denn
wenn ihr erst einmal erwacht seid, hat es seinen Zweck
erfüllt. Diese Zeit wird kommen, aber es hat keine Eile.
Versuche nicht, den Fluß schneller fließen zu lassen, halte
ihn aber auch nicht auf. Weder das eine noch das andere
wird dir helfen. Das göttliche Bewußtsein wirkt hier und
jetzt in deinem Innern. Du mußt lernen, darauf zu vertrauen.

Wunder sind notwendig

Wunder demonstrieren das Wirken des göttlichen Bewußtseins in deinem Geist und in deiner Erfahrungswelt. Wunder sind notwendig, denn sie sollen euch etwas lehren, genau wie vor zweitausend Jahren. Jedes Wunder demonstriert die Tatsache, daß die Liebe stärker ist als die Angst.

Unterschätze das Ausmaß nicht, in welchem eure Welt aus Angst besteht. Schau dich um. Betrachte dir deine eigenen Gedanken. Ist die Angst nicht überall gegenwärtig?

Ich stelle dir diese Frage nicht, um dich zu entmutigen. Ich möchte nur, daß du realistisch bist. Sieh die Dinge, wie sie in eurer Welt sind. Mache eine Bestandsaufnahme deiner eigenen Gedanken. Du kannst die Liebe nicht finden, solange du nicht erkennst, in welchem Ausmaß dein Denken auf Angst beruht.

Indem du dir deine angsterfüllten Gedanken bewußt machst, sorgst du für die Möglichkeit einer Veränderung. Versuche aber nicht, die negativen, angsterfüllten Gedanken durch positive, liebevolle Gedanken zu ersetzen. Das würde nur einen Konflikt in dir auslösen. Laß statt dessen einfach die Bewußtheit wirken. Sei dir deiner Angst bewußt und spüre sie. Und wenn du sie ganz fühlen kannst, sagst du einfach: „Vater, ich bin bereit, jetzt durch meine Angst hindurchzugehen. Bitte hilf mir." Sei bereit, die Hilfe anzunehmen, um die du gebeten hast. Ich kann dir versichern, daß deine Bitte nicht abgelehnt wird.

Indem du um Hilfe bittest, erkennst du an, daß es eine Macht gibt, die stärker ist als deine Angst. Du bringst damit auch deinen Wunsch zum Ausdruck, mit dieser Macht zusammenzuarbeiten, um über die Ebene von Angst und Konflikt in deinem Leben hinauszugehen. Sei dir, wenn du um Hilfe bittest, bewußt, daß du um eine Änderung deines Denkens bittest. Sage also: „Vater, ich bin bereit, meine Meinung über diese Situation zu ändern. Bitte hilf mir, die Dinge nicht mit den Augen der Angst zu sehen, sondern mit deinen Augen. Hilf mir, sowohl meine Position als auch die der anderen gleichermaßen liebevoll zu sehen."

Dies, mein Freund, ist ein sehr wirkungsvolles Gebet. Bleibe dabei. Ruhe in seiner Kraft und seinem Frieden. Laß zu, daß Gott dir in jedem Wort, in jeder Geste und in jeder Handlung antwortet. Du kannst das Wunder nicht erfahren, solange du nicht bereit bist, es anzunehmen.

Damit du das Wunder erfahren kannst, mußt du, (1) dir darüber im klaren sein, daß du es brauchst, (2) aufrichtig darum bitten und (3) bereit sein, es anzunehmen. Wenn alle drei Voraussetzungen erfüllt sind, wird sich das Wunder manifestieren.

Es kann allerdings auch vorkommen, daß das Wunder sich in deinem Leben manifestiert, ohne daß du etwas davon merkst. Warum ist das so? Weil du eine bestimmte Vorstellung davon hast, wie das Wunder beschaffen sein sollte. Es kann sich also direkt neben dir entfalten, ohne daß du es erkennst. Aber was nützt ein Wunder, wenn du es nicht sehen kannst? Wenn du das Wunder in deinem Herzen annehmen möchtest, mußt du verstehen, daß es sich vielleicht ganz anders äußert, als du es dir vorgestellt hattest. Sei offen für seine Präsenz und erlaube ihm, sich dir zu offenbaren.

Manche von euch werden vielleicht fragen: „Warum läßt Gott nicht das Wunder geschehen, um das ich gebeten habe?" Nun, weil das Wunder, um das du gebeten

hast, dich vielleicht nicht von deiner Angst befreien würde. Deshalb ist es kein echtes Wunder, und deine Angst
würde einfach die Bedingungen wiederherstellen, die
dich ursprünglich veranlaßt haben, um dieses Wunder zu
bitten.

Überlasse es Gott, die richtige Antwort auf deine Bitte
zu finden. Versuche nicht, Ihm zu sagen, was du brauchst.
Er weiß es besser als du. Vertraue darauf. Öffne dich für
Seine Gegenwart in deinem Leben. Sei bereit, von Ihm
und über Ihn zu lernen. In dieser Bereitschaft wird sich
deine Angst auflösen. In dieser Bereitschaft wirst du zu
deiner wahren Natur erwachen.

Nutze, was da ist

Es ist nicht notwendig, daß du das Rad neu erfindest, um einen sinnvollen Beitrag in der Welt zu leisten. Wenn du dich umschaust, wirst du viele Möglichkeiten entdecken, dein Wesen zum Ausdruck zu bringen. Keiner dieser Wege ist vollkommen, und manche erfordern Anpassung. Das ist in Ordnung. Es ist gut, anpassungsfähig zu sein. Es ist gut, zu verstehen, daß das gleiche auf viele Arten gesagt und getan werden kann.

Wenn du versuchst, die perfekte Form zu finden – die perfekte Arbeit, die perfekte Beziehung –, wirst du ständig frustriert werden. In diesem Sinne hat die Welt keine Vollkommenheit zu bieten. Sie bietet dir einfach eine Gelegenheit, zu wachsen und dich zu verändern, was nicht schwer ist, wenn du dich nicht zu sehr an die Form deines Selbstausdrucks klammerst.

Nutze die Form, die dir zu gegebener Zeit zur Verfügung steht. Laß deine Vorstellungen fallen. Jeder Augenblick ist neu. Jede Situation verlangt etwas anderes von dir. Das Festhalten an einer bestimmten Art und Weise, etwas zu sagen oder zu tun, ist zeitgebunden. Solche Fixierungen ketten dich an die Vergangenheit. Sie halten dich in einer falschen Identität gefangen. Jede Erfahrung, mit der du konfrontiert wirst, wird dich daraufhin prüfen, ob du bereit bist loszulassen, ob du bereit bist zu vertrauen, ob du bereit bist, die Zeitgrenzen hinter dir zu lassen. Wenn du nicht auf die Form fixiert bist, ist es leicht, über diese Grenzen hinauszugehen. Dein Blick bleibt auf die Gegenwart, auf das ewige Jetzt gerichtet.

Alles, was geschieht, erfordert deine absolute Aufmerksamkeit.

Doch wie viele von euch sind in einer Erfahrung völlig präsent? Die meisten von euch sind damit beschäftigt, die jeweilige Erfahrung zu bewerten, sie zu bemängeln, sich zu wünschen, sie möge so sein, wie sie es erwarteten. Mit anderen Worten, ihr haltet an eurer falschen Identität fest. Ihr versucht, die Gegenwart an die Vergangenheit anzupassen.

Frage dich einmal ehrlich: „Wünsche ich mir ein gleichmäßiges, vorhersagbares Leben? Ist es das, was ich will?" Wenn ja, mußt du erkennen, daß die Welt dir das nicht bieten kann. Alles in dieser Welt ist in ständigem Wandel begriffen. Nichts ist dauerhaft. Nichts ist vorhersagbar. Nichts kann dir mehr als eine vorübergehende Sicherheit geben. Gedanken kommen und gehen. Beziehungen haben einen Anfang und ein Ende. Körper werden geboren und sterben. Das ist alles, was die Welt dir bieten kann: Unbeständigkeit, Wachstum, Wandel.

Auf der Ebene der Form kannst du keine Dauerhaftigkeit finden. Alle Formen sind in Wahrheit eine Verzerrung der ursprünglichen Formlosigkeit des Universums. Das Allumfassende, alles Akzeptierende und alles Liebende kann nicht auf eine Form begrenzt werden. Liebe wählt nicht den Geliebten oder den Augenblick ihres Ausdrucks. Liebe schließt jederzeit alle und alles ein. Liebe kennt keine Bedingungen, das heißt „keine Form". Bedeutet dies, daß du in dieser Welt keine Liebe erfahren kannst? Natürlich nicht! Doch deine Erfahrung der Liebe wird in dem Maße begrenzt sein, in dem du sie interpretieren oder kontrollieren willst. Durch deine Interpretation begrenzt du mit Bedingungen, was bedingungslos sein muß. Wenn du Bedingungen stellst, erfährst du die Bedingungen, nicht die Liebe. Du begegnest der Form, nicht dem Inhalt.

Liebe bringt sich nur durch ein offenes Herz zum Ausdruck. Offenherzigkeit ist keine Technik, sondern eine emotionale Bereitschaft, die über alle Vorstellungen und Definitionen hinausgeht. Da jede Form sich verändert, öffnet sich das Herz ohne Furcht dem sich verändernden Inhalt der Form.

Wenn du auf dieser Welt irgend etwas verstehen willst, mußt du lernen, hinter die äußere Form zu schauen und die kreative Absicht zu erkennen. Schwinge dich auf die Absicht hinter dem äußerem Ausdruck eines anderen Menschen ein, und du wirst deutlicher sehen, was dieser äußere Ausdruck für ihn bedeutet. Schaust du aber nur auf die bloße Form, wirst du nur das sehen können, was diese Form für dich bedeutet. „Hinter die Form schauen" ist ein anderer Ausdruck für „hinter die eigenen Vorurteile blicken". Um deinen Nächsten so sehen zu können, wie er wirklich ist, mußt du hinter die Urteile blicken, die du über ihn gefällt hast. Wenn du ihn kennenlernen willst, mußt du ihm nahekommen, dein Herz öffnen und ihn fragen, was seine Absicht ist. Das ist die einzige Möglichkeit, ihm näherzukommen.

Wenn sich die Absichten ändern, verändert sich auch die Form als Träger dieser Absichten. Wenn du eine Sensibilität für deine eigenen Absichten und die anderer entwickelst, wirst du besser auf Veränderungen der Form vorbereitet sein.

Die Nicht-Verhaftung mit der Form ergibt sich aus der Nähe und Vertrautheit mit anderen, nicht aus der Entfremdung. Dadurch daß du andere auf Distanz hältst, erreichst du keine Nicht-Verhaftung, sondern das Gegenteil. Nur wenn du andere in dein Herz hineinläßt, wirst du auch fähig, sie freizulassen.

Liebe und Nicht-Verhaftung gehen Hand in Hand. Du kannst nicht jemanden lieben und gleichzeitig versuchen, ihn zu kontrollieren. Nur indem du das Beste für ihn wünschst, läßt du deinem Nächsten Freiheit. Und wenn du ihm keine Freiheit läßt, ist das, was du ihm gibst, keine Liebe.

Die Fixierung auf die Form entspringt einer tiefen Unsicherheit. Du kannst das nicht voll und ganz verstehen, solange du noch nicht über diese Fixierung hinausgegangen bist. Doch das ist unvermeidlich. Es ist im Plan des Lebens vorgezeichnet. Jede Situation in deinem Leben gibt dir Gelegenheit zu mehr Nähe und größerer Freiheit. Indem du immer mehr Menschen immer tiefer liebst, läßt deine Fixierung auf bestimmte Individuen nach. Du bist nicht mehr auf eine bestimmte Person fixiert, sondern auf die Liebe, die dich mit diesem Menschen verbindet. So bewegst du dich auf die Erfahrung der göttlichen Liebe zu, die jenseits des Körpers, ja, jenseits irgendeiner Form existiert.

Wenn ich dich bitte, die Form zu nutzen, die dir im gegenwärtigen Moment zur Verfügung steht, bitte ich dich, flexibel und empfänglich zu werden. Ich bitte dich, dich auf die Ebene der Absicht zu begeben. Ich bitte dich, Nähe und Vertrautheit zu leben, ohne definieren oder kontrollieren zu wollen. Wenn du das tust, wirst du niemals durch die Form eingeschränkt werden oder von ihr besessen sein. Du wirst frei sein, spontan zu gestalten. Das ist der beste Rat, den ich dir geben kann. Bleibe in der Gegenwart, ohne Erwartungen, ohne auf das Ergebnis fixiert zu sein. Beklage dich nicht über die Form, die dir angeboten wird, und miß ihr nicht mehr Bedeutung bei, als sie hat. Im Außen kannst du keine Vollkommenheit finden.

Wenn du die Wahrheit finden willst, schau nach innen. Betrachte dir deine eigenen Absichten. Dann kannst du die Absichten anderer nicht mißverstehen.

Öffne dich dem Göttlichen

Solange du nicht begreifst, daß jeder Mensch gut ist, wird es dir schwerfallen, das Gute in dir selbst und anderen zu entdecken. Du bist es gewohnt, das Gute gleichzeitig mit dem Schlechten zu sehen. „Das ist gut, jenes ist schlecht." Das ist dein Urteil über dich selbst und deinen Nächsten. So wirst du nie Frieden finden.

Dein Nächster ist nicht gut oder schlecht, und das gilt auch für dich. Ihr beide seid nur gut. Es gibt nichts Schlechtes in dir. Vielleicht glaubst du das und vielleicht glaubst du sogar, daß nur sehr wenig oder gar nichts Gutes in dir ist, aber das ist ein Irrglaube. Solange du das glaubst, wirst du dich selbst und andere niedermachen.

Was meine ich, wenn ich sage, es ist nur Gutes in dir? Bedeutet das, daß du unfähig bist, einen negativen Gedanken zu denken oder eine negativen Handlung zu begehen? Natürlich nicht, sonst wärest du nicht, wer du bist. Deine Welt ist ein Konglomerat aus negativen und positiven Gedanken und Taten. Deine Welt hat viele Schattierungen, es ist eine Welt, in der Dunkelheit und Licht vermischt sind.

Doch die ganze Welt, in der du deine Erfahrungen machst, besteht nur aus Gedanken. Könntest du alle negativen Gedanken aus deinem Geist verbannen, würdest du in einer ganz anderen Welt leben. In einer Welt, in der es nur „gute" Gedanken gibt, wird es unmöglich, zu vergleichen. Ohne Vergleich gibt es aber auch keine Interpretation und folglich auch kein Versagen, keine Bestrafung, kein Opfer und kein Leid. Kannst du dir eine solche strahlende, schuldlose Welt vorstellen? Vielleicht erscheint dir der Gedanke an eine solche Welt seltsam oder befremdlich, und doch ist es nicht schwieriger, eine solche Welt zu erschaffen, als die Welt, in der du jetzt lebst.

Du kannst anfangen, diese neue Welt zu erschaffen, indem du begreifst, daß es in dir und in deinen Mitmenschen nichts Schlechtes gibt, sondern nur Gutes. Allein die Furcht vor dem Bösen läßt „das Böse" real erscheinen. Jegliche Negativität entspringt der Angst. Bereits die Vorstellung „schlecht" ist ein aus Angst geborener Gedanke.

Was existiert also noch neben dem Guten in dir, das dein Geburtsrecht ist? Der Zweifel, ob du gut bist oder nicht. Und die Angst.

Dein Leben besteht aus dem Guten, das ständig von Zweifeln und Angst angegriffen wird. Wie oft im Laufe eines Tages werden Zweifel und Angst zur Herausforderung für die Wahrnehmung des Guten in dir? Wie oft verzerren sie deine Wahrnehmung des Guten in deinem Nächsten? Wenn du erst einmal weißt, daß Zweifel und Angst in deiner Erfahrungswelt ständig am Werk sind, kannst du sie bewußt akzeptieren. Dann werden sie ein Teil deines Bewußtseins. „Oh ja, ich weiß, daß ich gut bin. Aber was ist, wenn ich es nicht bin?" Dieser innere Dialog setzt sich endlos fort. Aber er verliert allmählich den scharfen, verurteilenden Unterton. Wenn sie angenommen wird, löst sich die Angst allmählich auf.

Der Geist, der erkennt, daß er gut ist, wird frei von Konflikten. Und nachdem er sein eigenes Gutsein erkannt hat, kann er es nur aufrechterhalten, wenn er es auch auf andere überträgt. Wenn du einen anderen Menschen als schlecht betrachtest, hast du dem Zweifel und der Angst erneut die Tür zu deinem Geist geöffnet. Das Göttliche ist frei von Dualität und frei von jedem Konflikt. Du öffnest dich für das Göttliche, wenn du dein Gutsein und das deines Nächsten als ein und dasselbe erkennst. Göttlichkeit ist immer etwas Gemeinsames. Sie kann nie ausschließend sein. Exklusivität entspringt immer der Angst. Wertung entspringt immer der Angst.

Nur indem du das Schlechte zurückweist und das Gute annimmst, kannst du die Angst aus deinem Herzen verbannen. Kein einziges von Gottes Kindern kann schlecht sein. Im schlimmsten Fall ist es verletzt. Im schlimmsten Fall greift es andere an und macht sie für seinen Schmerz verantwortlich. Aber es ist nicht schlecht. Ja, so tief müssen deine Liebe und dein Mitgefühl gehen. Es gibt kein einziges menschliches Wesen, das nicht deine Vergebung verdient. Es gibt kein menschliches Wesen, das nicht deine Liebe verdient.

Du kannst deine Bedingungen stellen und deine Ausreden vorbringen, aber sie können mich nicht zum Narren halten. Ich habe dir die Wahrheit gesagt. Es liegt nicht in deinem Interesse, sie zu korrumpieren.

Wenn es dir schwerfällt, jemandem zu vergeben und ihn zu lieben, dann sage es. Verurteile ihn nicht, um deine eigene Schwäche zu rechtfertigen. Wenn du Angst hast, dann sage die Wahrheit. Die Wahrheit ist immer heilsam. Nur wer Angst hat, urteilt über andere. Bist du frei vom eisernen Griff der Angst? Wenn nicht, dann erkenne deine Angst an. Wenn du sie anerkennst, wirst du nicht mehr über andere urteilen. Denn du wirst erkennen, daß es immer die Angst ist, die deine Wahrnehmung verzerrt. Erkenne deine Angst an und sei wahrhaftig zu dir und anderen. Bekenne: „Ich habe Angst, deshalb kann ich im Moment nicht klar sehen."

Laß deine Urteile und Wertungen los, denn sie sind nichts als ein sinnloser Angriff auf jene, deren Gutsein du nicht sehen kannst. Gib mir diese Urteile. Sage die Wahrheit: „Jesus, ich kann diesen Menschen nicht klar sehen, denn ich urteile über ihn. Hilf mir, meine Urteile und Wertungen über ihn fallenzulassen und zu verstehen, welche Ängste sein Verhalten in mir wachruft."

Jedes Urteil, das du über deinen Nächsten fällst, weist dich exakt auf das hin, was du an dir selbst haßt oder nicht akzeptieren kannst. Du haßt einen anderen nur dann, wenn er dich an dich selbst erinnert. Das ist der Grund, weshalb jeder Versuch, Zorn, Angst und Wertung zu rechtfertigen, kläglich fehlschlagen muß. Denn es ist nur der Versuch, einen anderen Menschen für die eigenen Fehler anzuklagen. Das ist nicht ehrlich. Das ist nicht verantwortungsvoll.

Du hast die Möglichkeit, allem Urteilen und Werten ein Ende zu machen, und dennoch fährst du fort, es zu rechtfertigen. Warum? Weil du deinen Fehler nicht zugeben kannst. Du würdest lieber leiden als zuzugeben, daß du einen Fehler gemacht hast. Du würdest eher vorgeben, vollkommen zu sein, als anzuerkennen, daß du etwas zu lernen hast. Welch unbegreiflicher Stolz! Wie kann ich einen Menschen an der Hand nehmen, der trotz seiner Schmerzen darauf beharrt, daß er vollkommen ist. Ich kann dir nicht helfen, wenn du es nicht zuläßt. Es ist nicht so furchtbar schlimm, sich zu irren. Dadurch gehen dir Liebe und Akzeptanz nicht verloren. Du glaubst das zwar, aber das ist eine Einbildung. Die Liebe geht dir vielmehr dadurch verloren, daß du auf deinem Recht beharrst, wenn du Unrecht hast. So kann keine Korrektur stattfinden.

Versuche, dies zu verstehen. Sich zu irren oder Unrecht zu haben bedeutet nicht, daß man „schlecht" ist, und Recht zu haben bedeutet nicht, daß man „gut" ist. Jeder von euch hat hundertmal am Tag Recht und Unrecht. Ich sage dir, daß du nicht zählen kannst, wieviel Mal du im Laufe deiner irdischen Reise Recht oder Unrecht hast.

Diese Welt ist eine Schule, und du bist hierher gekommen, um zu lernen. Lernen bedeutet, Fehler zu machen und sie zu korrigieren. Lernen heißt nicht, immer Recht zu haben. Weshalb solltest du überhaupt zur Schule gehen müssen, wenn du immer Recht hättest? Sei bescheiden, mein Freund. Du bist als Schüler hierher gekommen, und das mußt du akzeptieren, bis du deine Lektionen gelernt hast. Wenn du nicht erkennst, daß du einen Fehler gemacht hast, kann ich dir nicht helfen, ihn zu korrigieren. Wenn du jedoch bereit bist, einen Fehler einzugestehen, erfolgt die Korrektur unmittelbar und mit ihr die Vergebung. Das ist der Weg, den ich für dich vorgesehen habe.

Versuche nicht, vollkommen zu sein, mein Freund. Das ist ein unangemessenes Ziel. Nur diejenigen, die gewählt haben, lange und schwer zu leiden, wünschen sich, vollkommen zu sein. Wünsche dir statt dessen, daß du jeden deiner Fehler erkennen und etwas daraus lernen kannst. Vollkommenheit ergibt sich nur dann spontan und mühelos, wenn du die Wahrheit sagst, wenn du deinen Wunsch, andere zu beeindrucken, losläßt, wenn du deinen falschen Stolz aufgibst.

Diejenigen, die um eine Korrektur bitten, werden sie bekommen. Nicht, weil sie etwas Besseres sind als andere, sondern einfach deshalb, weil sie darum bitten. Verurteile die nicht, die noch nicht bereit sind, ihre Fehler einzugestehen. Gib einfach deine eigenen Fehler zu und überlasse Gott den Rest. Teile deine Erfahrung mit anderen, aber versuche nicht, sie ihnen aufzudrängen. Denn du weißt nicht, was der andere braucht, und es ist nicht deine Sache, es zu wissen.

Erinnere dich an das Gute in deinem Nächsten. Erinnere dich an das Gute in dir selbst. Laß zu, daß sich alle Ängste und Urteile im Augenblick ihrer Entstehung auf-

lösen. Gestehe deine Fehler ein und sei tolerant gegenüber den Fehlern, die andere machen. Das ist alles, was
ich von dir verlange.

Es ist einfach, nicht wahr? Es ist so einfach, daß du es
immer wieder vergessen wirst. Aber verliere nicht den
Mut. Wenn dein Verlangen nach Frieden stark genug ist,
wirst du dich schließlich hingeben. Wenn du erst einmal
entschieden hast, daß es das ist, was du suchst, kannst du
den Weg nach Hause nicht verfehlen.

Lerne zu lauschen

Du bist so damit beschäftigt, auf das zu reagieren, was in deinem Leben geschieht, daß du gar keine Zeit hast, deine Erfahrungen auszukosten. Du fühlst weder deine Freude noch deinen Schmerz, weder deine Wut noch deine Trauer. Das ist sehr schade. Du verschwendest so viel Zeit damit, im Außen nach Lösungen für deine Probleme zu suchen. Würdest du dir nur Zeit nehmen, mit dir selbst zu sein, würden die Antworten spontan in deinem Inneren aufsteigen.

Lerne, in deinen Erfahrungen präsent zu sein. Ich sage nicht: „Versuche, sie zu begreifen." „Damit sein" ist keine analytische Aktivität. Erkenne, daß du keine deiner Erfahrung mit dem Verstand erfassen kannst. Du kannst entweder mit ihr „sein" oder sie rationalisieren, was natürlich eine Flucht ist.

In jedem Augenblick bekommst du Hinweise und Botschaften, die dir helfen können, dein Lebensschiff wieder auf den richtigen Kurs zu bringen. Aber du kannst diese Hinweise nicht hören, wenn du dir nicht die Zeit nimmst, „zu sein" und „zu lauschen".

Ironischerweise hättest du es gerade in den Zeiten, in denen du am verzweifeltsten versuchst, deine Probleme zu „lösen", am nötigsten, still zu sein und zu lauschen. Es kann sein, daß du das zunächst nicht verstehst. Aber es bleibt dir nichts anderes übrig, als zu erkennen, daß die Dinge um so verwickelter werden, je mehr du versuchst, sie zu lösen. Früher oder später wirst du den Versuch aufgeben, dein Leben nach deinen Vorstellungen „zum

Funktionieren zu bringen". Und dann wirst du dich vielleicht fragen: „Warum verändert sich so viel in meinem Leben? Muß ich meinen Blick auf andere Dinge richten als bisher?" Und du wirst lernen, auf die Antwort zu lauschen.

Wenn du auf Kollisionskurs bist, wird diese Antwort normalerweise lauten: „Mach langsamer, schau dich um. Vielleicht gehst du nicht in die Richtung, in die du zu gehen glaubst." Vermutlich hört sich das nicht nach einer großartigen Antwort an, aber es genügt, um dir zu helfen, den nächsten Schritt zu tun. Das Tempo zu drosseln und sich umzuschauen ist bereits der Beginn der Korrektur.

Solange die Dinge in deinem Leben leicht fließen, brauchst du dir keine Gedanken um eine Korrektur zu machen. Aber wenn die See vom Sturm aufgewühlt wird, tätest du gut daran, innezuhalten und deinen Kurs neu zu überdenken. Rechtzeitige Innenschau würde einen großen Unterschied in deinem Leben machen. Es gibt Zeiten, in denen sich die äußere Realität um dich herum einfach verschließt und der einzig richtige Weg nach innen führt.

Ich verlange nicht, daß du jeden Tag zwei Stunden meditierst. Noch behaupte ich, daß regelmäßiges Meditieren nicht hilfreich sei. Ich sage einfach, daß es Zeiten in deinem Leben gibt, in denen du still sein und lauschen mußt. Wenn du lernst, diese Zeiten zu würdigen, wirst du dir viel Leid ersparen.

Je mehr du lernst, nach innen zu lauschen, um so mehr wirst du lernen, mit deiner Erfahrung „zu sein". Du wirst eine Partnerschaft mit deinem Leben eingehen und die Bereitschaft entwickeln, teilzuhaben, zu fühlen und zu erfahren, was auf dich zukommt. Wenn du dich weigerst, dir die Zeit zu nehmen, um mit deiner Erfahrung zu sein, sieht es aus, als wärst du das Opfer dessen, was in deinem Leben gschieht. Das ist eine große Selbsttäuschung. Du hast deine Erfahrungen als etwas betrachtet, das du bezwingen und kontrollieren mußt. Und wenn deine Erfahrungen nicht deinen Erwartungen entsprechen, hast du das Gefühl, ungerecht behandelt worden zu sein. Doch das ist nicht die Wahrheit. Du erfährst einfach nur die negativen Auswirkungen deines Drangs, die Dinge zu kontrollieren.

Du bist nicht offen für deine Erfahrung. Du stehst nicht ständig in Verbindung mit ihr. Es findet kein Dialog zwischen dir und deiner Erfahrung statt. Es ist kein Wunder, daß dich eine Haßliebe mit deiner Erfahrung verbindet. Du liebst sie, wenn sie deinen Erwartungen entspricht, und haßt sie, wenn das nicht der Fall ist. Du kennst nur schwarz und weiß. Entweder segnet dich das Leben total oder es bestraft dich total.

Die Wahrheit ist, daß das Leben dich weder segnet noch bestraft. Es arbeitet mit dir, um dich aufzuwecken und dir zu helfen, dein wahres Wesen zu erkennen. Das Leben ist dein Lehrer. Es gibt dir ständig Rückmeldungen, korrigiert dich, aber du entscheidest dich nicht zuzuhören.

Die Entscheidung zuzuhören, zeigt deine Hingabe an deine Partnerschaft mit dem Leben. Es bedeutet das Annehmen des Tanzes von Denken, Handeln und Korrigieren. Es bedeutet, all das als notwendigen, aber nicht unerfreulichen Teil des Lernprozesses zu erfahren.

Bedingungslose Liebe

Du hast gelernt, Liebe mit Bedingungen zu verknüpfen. Du hast es von jenen Menschen gelernt, deren Liebe für dich von ihrer eigenen Schuld und Angst korrumpiert war. Sie waren deine Vorbilder. Du brauchst dich deswegen nicht zu schämen. Du mußt dir dieser Tatsache nur bewußt sein.

Schon als Baby wurdest du darauf konditioniert, dich selbst nur dann wertzuschätzen, wenn die Menschen um dich herum positiv auf dich reagierten. Du hast gelernt, daß dein Wert von außen bestimmt wird. Das war der grundlegende Irrtum, der sich durch dein ganzes bisheriges Leben zog. Deine Eltern haben die gleiche Erfahrung gemacht, und deine Kinder werden sie ebenfalls machen. Bei jedem von euch müssen die gleichen Wunden heilen. Alle Übergriffe und Gewalttätigkeiten müssen bewußt gemacht und alle mit ihnen verbundenen Emotionen müssen aufgelöst werden. Auf diese Weise bewegen sich alle verwundeten Wesen von der mit Bedingungen verknüpften Liebe zur Erfahrung bedingungsloser Liebe.

Im Verlauf dieses Heilungsprozesses lernst du, dir selbst jene bedingungslose Liebe zu geben, die du von deinen biologischen Eltern nie bekommen hast. Durch diesen Prozeß wirst du „neu geboren" und empfängst wieder Elternliebe, aber nicht von anderen Autoritätspersonen, sondern aus der Quelle der Liebe in deinem eigenen Innern. Indem du lernst, deinem verwundeten Selbst Liebe zu geben, revidierst du deine Überzeugung, daß dein Wert von den Reaktionen anderer auf dich abhängig ist. Allmählich beginnst du wieder, dich selbst zu schätzen, wie du bist, hier und jetzt, ohne Bedingungen. Das kann niemand anders für dich tun. Andere können dich dabei unterstützen und dich dazu ermutigen, aber niemand kann dir beibringen, dich selbst zu lieben.

Jede Seele tritt mit dem Wissen um ihrem eigenen Wert in die physische Existenz ein. Doch bereits sehr früh auf ihrer irdischen Reise wird ihre natürliche Fähigkeit, zu lieben und andere in ihre Erfahrung einzubeziehen, an Bedingungen geknüpft. Es ist sehr wichtig, diese Bedingungen wieder aufzuheben. Wenn die Seele die physische Welt in dem Glauben verläßt, daß sie das Opfer ihrer hier gemachten Erfahrungen ist, wird es sie immer wieder hierher ziehen, um dieses Glaubensmuster aufzulösen. Gelangt die Seele jedoch zur Erkenntnis der Wahrheit, daß ihr Wert nicht von irgend etwas oder irgend jemandem außerhalb ihrer selbst oder ihrer Erfahrung abhängig ist, wird sie sich im Urgrund der Liebe verankern und aus dem Traum des Mißbrauchs erwachen.

Aus dem Traum des Mißbrauchs zu erwachen bedeutet, die Illusion aufzugeben, daß du so, wie du bist, nicht liebenswert bist. Indem du dir selbst bedingungslose Liebe schenkst, ziehst du andere Menschen in dein Leben, die ebenfalls fähig sind, dich bedingungslos zu lieben. Dein Versuch, Liebe außerhalb von dir selbst zu finden, wird immer fehlschlagen, weil du nichts von jemand anderem empfangen kannst, was du dir nicht selbst gegeben hast. Wenn du dir selbst Liebe verweigerst, ziehst du Menschen in dein Leben, die das gleiche tun.

Die Erfahrung bedingungsloser Liebe beginnt in deinem eigenen Herzen, nicht im Herzen eines anderen Menschen. Mach deine Fähigkeit, dich selbst zu lieben, nicht abhängig von der Fähigkeit eines anderen Menschen, dich zu lieben. Mach dich nicht abhängig von den mit der Liebe verbundenen Bedingungen oder von der Form, in der sie sich dir zeigt. Denn diese Dinge sind unbeständig und unterliegen den Wechselfällen des Lebens.

Wahre Liebe ist unveränderlich. Sie existiert unabhängig von der Form, durch welche sie sich ausdrückt. Die Quelle dieser ewigen, allgegenwärtigen, formlosen Liebe sprudelt in deinem Innern. Auf sie mußt du vertrauen, denn diese Liebe ist dir so sicher wie nichts anderes, das du kennst. Und wenn sie erst einmal fest in deinem Herzen verankert ist, wirst du nie mehr außerhalb deiner selbst nach dem Glück suchen. Menschen werden in deinem Leben kommen und wieder gehen. Manche werden dich gut behandeln, andere werden unfreundlich zu dir sein. Du wirst die Liebe, die da ist, annehmen, und den Mangel an Liebe als das sehen, was er ist: den Hilfeschrei eines verletzten Menschen. Du wirst andere dazu ermutigen, die Quelle der Liebe in ihrem Inneren zu finden, so wie du, und du wirst dir vollkommen im klaren darüber sein, daß du ihre kleinen Probleme nicht lösen kannst. Die Tragödie ihres Lebens kann nur beeinflußt werden durch ihre Bereitschaft, in ihre eigenen Herzen und Köpfe zu schauen.

Ein Mensch, der bedingungslos liebt, setzt weder seiner eigenen Freiheit Grenzen noch der eines anderen Menschen. Er versucht nicht, die Liebe festzuhalten, denn das bedeutet, sie zu verlieren. Liebe ist ein Geschenk, das immer so verschenkt werden muß, wie es in der jeweiligen Situation gerade angemessen ist. Der Gebende weiß immer, wann und wem er dieses Geschenk geben muß. Liebe ist keine komplizierte Angelegenheit. Sie wird nur dann kompliziert, wenn man anfängt, sie zurückzuhalten, und dann ist das, was man gibt, keine Liebe mehr.

Derjenige, der sich selbst liebt, fürchtet sich nicht vor dem Alleinsein. Denn das Alleinsein ist eine Gelegenheit, sich selbst noch tiefer zu lieben und anzunehmen. Fühlt er sich wertlos, wenn sein Geliebter ihn zurückweist? Versinkt er in Selbstmitleid und zieht sich von der Welt zurück oder macht sich auf die Suche nach einem Ersatz? Nein. Er fährt einfach fort zu atmen und seine Liebe auszusenden.

Ein Mensch, der sich selbst bedingungslos liebt, liebt nicht in Abstufungen oder Graden, und seine Liebe ist keine Fessel. Er sucht nicht nach jemand Besonderem, den er lieben kann. Er liebt jeden, der vor ihm steht. Niemand ist seiner Liebe mehr oder weniger wert. Dies ist die Art von Liebe, die jetzt in dir, mein Bruder, meine Schwester, geboren wird. Dies ist die Art von Liebe, die ich dir anbiete und die ich dich bitte, an andere weiterzugeben.

Es ist ganz einfach. Du kannst nicht mißverstehen, was ich dir sage. Liebe kann nur zwischen Gleichen existieren. Liebe kann nur zwischen Wesen existieren, die gelernt haben, sich selbst zu lieben und wertzuschätzen. Liebe nimmt keine Geiseln. Sie geht keinen Kuhhandel ein. Sie kann nicht durch Angst korrumpiert werden. Wo Liebe ist, kann die Angst mit ihren unzähligen Bedingungen nicht bestehen.

Ich ermutige dich, ehrlich zu sein, mein Freund. Die Liebe, die du kennst, ist nicht die Art von Liebe, von der ich spreche. Die Art von Liebe, die ich beschreibe, erschreckt dich zutiefst! Warum? Weil die Erfahrung wahrer Liebe deiner gewohnten Erfahrung ein Ende bereitet. Deine Welt der Bedingungen hört auf zu existieren. Wenn du wahre Liebe erfährst, fühlst du dich nicht mehr von anderen getrennt. Du verlierst jeden Aspekt deiner Identität, der andere auf Distanz hält. Du öffnest dich einer umfassenderen Realität, die du mit anderen durch gegenseitiges Vertrauen erschaffst. Ihr urteilt nicht mehr, sondern akzeptiert euch gegenseitig.

„Davor habe ich keine Angst", sagst du. Denke noch einmal darüber nach. Sei ehrlich zu dir selbst und zu mir. Du HAST Angst davor, weil es diesen Traum beendet, und die einzige Möglichkeit, diesen Traum zu beenden, die dein Ego kennt, ist der Tod. Erkenne also deine Angst vor der Liebe, deine Angst vor dem Tod, deine Angst, ausgelöscht zu werden.

Ich habe gesagt: „Solange du nicht stirbst und wiedergeboren wirst, wirst du nicht in das Königreich Gottes eingehen". Als ich das sagte, sprach ich nicht von Reinkarnation. Ich sprach vom Tod des Ego, von der Auflösung aller Glaubensmuster, die dich von anderen trennen. Ich sprach vom Ende des Urteilens.

Das, was stirbt, bist nicht du. Alles, was du zu sein glaubtest, stirbt. Jedes Urteil, das du je über dich selbst oder einen anderen Menschen gefällt hast. Das ist es, was stirbt. Und das, was wiedergeboren wird, ist voller Licht und Klarheit. Es ist der Christus in dir und in mir, der ewiges Leben hat.

Ich sage dir, mein Bruder, meine Schwester, deine Erlösung ist nahe. Und du hast Angst davor! Du kannst mich nicht zum Narren halten. Ich sehe, wie du zitterst, auf den Knien, und zum Kreuz aufschaust, an dem du bald hängen wirst, um für deine sündigen Gedanken und Handlungen zu bezahlen. Leugne deine Angst nicht, sonst kann ich dir nicht helfen.

Das, was am Kreuz stirbt, bist nicht du. Du bist nicht der Körper. Du bist nicht deine angstvollen Gedanken. All das kann und wird sterben. Wenn nicht jetzt, dann später. Du kannst den Tod des Egos nicht umgehen. Du kannst den Tod des Körpers nicht vermeiden. Doch das ist nicht unbedingt das gleiche. Mache nicht den Fehler zu glauben, daß dein Ego stirbt, wenn dein Körper stirbt, oder daß dein Körper stirbt, wenn dein Ego stirbt.

Dein Ego stirbt, wenn du es nicht mehr gebrauchen kannst. Bis dahin wird es nicht von dir genommen. Du kannst fast unendlich lange an deinem Ego festhalten. Aber das wirst du nicht tun. Denn das ist die Hölle, und du wirst nicht für immer in der Hölle leben wollen. Es wird eine Zeit kommen, wo der Schmerz überwältigend wird. Es wird eine Zeit kommen, wo du nach mir rufen wirst: „Jesus, bitte hilf mir. Ich bin bereit loszulassen." Diese Zeit kommt für jeden. Das kann ich dir versichern.

Bis dahin kannst du nichts anderes tun, als durch deine Ängste hindurchzugehen. Erkenne all deine Ängste an und lege sie in meine Hände. „Jesus, ich habe Angst zu sterben ... Jesus, ich habe Angst vor deiner Liebe ... Jesus, ich habe Angst, daß Gott mich verlassen wird." Laß deine Ängste hochkommen und übergib sie mir. Das wird dein Erwachen beschleunigen. Das wird dich direkt zum Kern der Dinge führen, zu der Angst hinter all deinen Ängsten. Sei gewiß, wenn du an diesen Punkt kommst, werde ich neben dir stehen. Mein Bruder, meine Schwester, ich bitte dich nur um dein Vertrauen. Schenke es mir, und wir werden diesen Ort der Schatten gemeinsam verlassen. Ich kann dich nicht davor schützen, deinen Ängsten zu begegnen, aber ich kann deine Hand halten, während du ihnen begegnest. Mach dir keine Sorgen. Das Ziel deiner Reise steht fest. Da, wo ich bin, wirst auch du sein. Und dann wirst du mit absoluter Sicherheit wissen, daß du Liebe bist. Sie wurde weder in dir geboren, noch starb sie in dir. Sie ist untrennbar mit dir verbunden, sie ist deine einzige Identität.

Die Tür öffnen

Um irgendeiner Person oder Situation deine Aufmerksamkeit widmen zu können, mußt du für dich selbst, für die andere Person und für die betreffende Situation präsent sein. Solange du allerdings von dir selbst, von den anderen oder ganz allgemein von der Situation etwas Bestimmtes erwartest, kannst du nicht ganz aufmerksam sein. Deine Fähigkeit, aufmerksam zu sein, hängt von deiner geistigen Offenheit ab, davon, ob dein Geist frei von Werturteilen und Erwartungen ist.

Ein offenes Herz ist aber genauso wichtig, und das erfordert Mitgefühl für dich selbst und andere und die Fähigkeit, Vergangenes zu vergeben. Ein offenes Herz zu haben bedeutet, andere als Gleiche zu behandeln, den Blick auf das Gemeinsame zu richten und sich auf die dadurch entstehende Nähe einzulassen.

Die Tür zur Liebe öffnet und schließt sich in dem Maße, wie du deinen Geist und dein Herz öffnest und schließt. Wenn sich die Tür schließt, muß man geduldig sein und vergeben können, sonst öffnet sie sich vielleicht nicht mehr. Man muß nicht nur die Gegenwart der Liebe fühlen können, sondern auch ihre Abwesenheit. Indem man ihre Abwesenheit fühlt, lernt man, zu lauschen und innerlich weicher zu werden. Wenn man sich von anderen getrennt fühlt, lernt man, auf die subtilen Wertungen und Urteile zu achten.

Jede Erfahrung der Trennung oder Wertung ist eine Gelegenheit, sich für die Gegenwart der Liebe zu öffnen. Auf der geistigen Ebene bedeutet das, sich von Vorurteilen und ihren Rechtfertigungen zu lösen. Auf der emotionalen Ebene bedeutet es, die Auswirkungen der Trennung zu fühlen: den eigenen Schmerz und den Schmerz des anderen Menschen.

Der Wechsel vom Urteil zur Akzeptanz, von der Trennung zum Mitgefühl ist die eigentliche Voraussetzung für Heilung. Wenn du nicht fähig bist, diesen Wechsel zu vollziehen, bereitest du den Boden für Krankheiten im Geist-Körper-System.

Jeder von euch muß lernen, von Krankheit auf Heilung, von Engstirnigkeit und Engherzigkeit auf Offenheit, von Mißtrauen auf Vertrauen umzuschalten. Ihr müßt lernen, Frieden zu demonstrieren, indem ihr Verteidigungshaltungen in eine empfängliche Haltung umwandelt; ihr müßt lernen, Harmonie in eure Beziehungen zu bringen, indem ihr „ausschließende" Gedanken und Handlungen in „einschließende" verwandelt.

Ein Heiler oder jemand, der Wunder wirkt, hat die eigene innere Fähigkeit akzeptiert, völlig frei von Konflikten, Schuldgefühlen und Werturteilen zu sein. Wenn du diese Fähigkeit in dir selbst akzeptierst, wirst du Wunder in deinem Leben wirken, so wie ich es getan habe.

Ich habe dir viele Male gesagt, daß du dazu fähig bist. Heilung ist nicht nur möglich, sie ist sogar notwendig. Jeder von euch ist der Heiler seiner eigenen wahrgenommenen Verletzungen und Ungerechtigkeiten, ein Zeuge der Heilkraft des Wunders. Heilung ist euer einziger Daseinszweck auf dieser Erde. Je früher ihr das erkennt, desto besser.

Erinnere dich daran, daß jede authentische spirituelle Praxis damit beginnt, sich selbst lieben und annehmen zu lernen. Versuche nicht, andere Menschen zu lieben, bevor du gelernt hast, dich selbst zu lieben. Es wird dir nicht gelingen. Wenn jemand in dein Leben tritt, der „alle deine

Knöpfe drückt", versuche nicht, diesen Menschen zu lieben. Verzichte einfach darauf, deine Negativität auf ihn abzuladen. Klage ihn nicht an, beschuldige ihn nicht, mache ihn nicht zum Feind. Erkenne einfach an, daß er deine Knöpfe drückt, und bitte um Zeit, um mit deinen Gefühlen allein sein zu können.

Wenn du allein bist, erinnere dich daran, daß alles, was du fühlst, nur zu dir gehört. Die andere Person hat nichts mit deinen Gefühlen zu tun. Löse dich von allen Gedanken, die den anderen für deine Gefühle verantwortlich machen wollen. Bleib bei deinen eigenen Gefühlen und sage dir: „Meine Gefühle zeigen mir einen Aspekt meiner selbst, den ich verurteile. Ich will lernen, alle Facetten meines Selbst anzunehmen. Ich will lernen, alle verwundeten Anteile meines Selbst zu lieben."

Jetzt bist du an den Punkt gelangt, an dem echte Transformation stattfindet. Jetzt bist du bereit, dein Herz mit Liebe zu füllen. Übe das unermüdlich und habe Geduld mit dir. Versuche nicht, deine Brüder und Schwestern und deine ganze Umgebung zu heilen, bevor du gelernt hast, dein eigenes Herz mit Liebe zu füllen. Dieser Versuch muß fehlschlagen und führt nur dazu, daß du dich noch stärker verurteilst.

Habe Mitgefühl mit dir selbst. Mach kleine Schritte. Fang an, deine eigenen Gedanken und Gefühle zu heilen. Jedesmal wenn du einen wertenden Gedanken oder ein Gefühl der Trennung heilst, wird das von jedem Geist und jedem Herzen im Universum wahrgenommen. Deine Heilung ist nicht nur deine Heilung, sondern die Heilung aller Wesen.

Wenn du inneren Frieden findest, manifestiert sich der Friede in der Welt. Wenn du andern gegenüber eine Verpflichtung hast, dann diese: in deinem eigenen Herzen, in deinem eigenen Kopf Frieden zu schaffen.

Manche Leute sind der Meinung, ein solcher Rat sei egoistisch und verantwortungslos. Sie glauben, sie müßten die Welt retten, um das Glück zu finden. Doch das ist ein Irrtum, der auf falscher Wahrnehmung beruht. Solange sie das Glück nicht in sich selbst gefunden haben, ist die Welt verdammt.

Das klingt vielleicht hart, aber es ist die Wahrheit. Wenn du nicht jetzt glücklich sein kannst, wirst du das Glück niemals finden. Wenn du also im Moment nicht glücklich bist, gib den Versuch auf, das Glück in der Zukunft zu finden, und richte deine Aufmerksamkeit auf den gegenwärtigen Moment. Hier liegt dein Glück.

Ein offenes Herz und ein offener Geist sind die Tür zur Gegenwart der Liebe. Selbst wenn die Tür geschlossen ist, fordert sie dich auf, sie zu öffnen. Selbst wenn ihr urteilt und euch voneinander getrennt fühlt, verstummt der Ruf der Liebe in eurem Innern nicht. Ich habe euch immer wieder gesagt: Ganz gleich, wie oft ihr euch geweigert habt, das Allerheiligste zu betreten, ihr braucht nur anzuklopfen, und die Tür wird euch geöffnet. Ich habe euch gesagt: „Bittet, und euch wird gegeben." Aber ihr weigert euch, mir zu glauben. Ihr glaubt, daß irgend jemand eure Sünden zählt, eure Momente der Unentschlossenheit oder Widerspenstigkeit, aber das ist nicht wahr. Die einzigen, die mit dem Zählen beschäftigt sind, seid ihr selbst.

Ich sage dir, Bruder: „Hör auf, deine Sünden zu zählen und Ausreden zu erfinden, hör auf, so zu tun, als sei die Tür verschlossen. Ich stehe hier auf der Schwelle. Nimm meine Hand. Wir werden die Tür öffnen und gemeinsam hindurchgehen."

Ich bin die Tür zu einer Liebe, die an keine Bedingungen gebunden ist. Wenn du durch diese Tür gehst, wirst du selbst zur Tür.

Den Kampf aufgeben

Was in deinem Leben geschieht ist neutral, weder positiv noch negativ. Du legst fest, ob es positiv oder negativ, spirituell oder profan ist.

Alle deine Erfahrungen können von spiritueller Qualität sein, wenn du deine Liebe, Akzeptanz oder Vergebung hineinbringst. Selbst eine tödliche Krankheit, eine Vergewaltigung oder ein Mord kann durch die Kraft deiner Liebe transformiert werden.

Du meinst, du verstündest die Bedeutung der Ereignisse in deinem Leben. Nichts könnte mehr von der Wahrheit entfernt sein. Du verstehst nichts von dem, was geschieht, weil du allem deine eigene Bedeutung aufpfropfst. Wenn du die Bedeutung der Ereignisse in deinem Leben verstehen willst, mußt du aufhören, ihnen deine eigene Bedeutung überzustülpen. Laß die Situation einfach sein. Spüre sie ganz. Erlaube ihr, dir zu zeigen, warum sie in dein Leben gekommen ist.

Wenn du direkt bis zum Kern vordringen willst, dann frage dich: „Auf welche Weise hilft diese Situation mir, bedingungsloser lieben zu lernen? Was verlangt sie von mir, was soll ich geben, was halte ich noch zurück?" Diese Frage wird dich zum Kern der Dinge bringen, weil sie deine Bereitschaft zeigt, die Situation als Geschenk und nicht als Strafe zu betrachten.

Solange du der Situation deine eigene Bedeutung überstülpst, wirst du sie immer als Bestrafung erleben – entweder als deine eigene oder als die eines anderen. So wirkt sich deine Angst auf alle Ereignisse in deinem Leben aus. Deine Angst verdammt dich und deine Mitmenschen. Sei nicht überrascht, wenn das geschieht. Es ist zu erwarten.

Versuche nicht, ohne Angst zu leben. Der Versuch, ohne Angst zu leben, ist die ängstlichste Haltung, die du dir vorstellen kannst. Erkenne die Angst einfach an und gehe hindurch, bis du am anderen Ende wieder herauskommst. Versuche nicht, frei von Urteilen über dich und andere zu leben. Sieh einfach die Verurteilung und geh hindurch, bis du zur Vergebung gelangst.

Die Tatsache, daß es eine Wahl gibt, bedeutet nicht, daß du derjenige sein solltest, der sie trifft. Sieh einfach die Wahlmöglichkeit und laß dich von deiner Bewußtheit hindurchführen. Es gibt nichts, was du tun kannst, um deine Erlösung herbeizuführen. In Wirklichkeit hält dich alles, was du tust, lediglich davon ab, zu sehen, was bereits da ist. Die Erlösung ist schon da. Du bist schon gerettet. Du brauchst deine Erlösung weder von mir noch von deinem Bruder noch von irgendeiner Kirche zu erkaufen.

Du praktizierst Vergebung nicht, um dir deine Erlösung zu erkaufen, sondern weil dir die Praxis der Vergebung hilft, hier und jetzt Erlösung zu erfahren. Du lernst, alles, was auf dich zukommt, als Geschenk anzunehmen, nicht, um bei Gott Punkte zu sammeln, sondern weil dieses Annehmen dich daran erinnert, daß jetzt nichts verkehrt ist und daß noch nie irgend etwas verkehrt war. Du lernst, genau auf jene Momente zu achten, in denen du anfängst, dich zu verschließen und Menschen zurückzuweisen, weil du weißt, daß es sich besser anfühlt, weich, empfänglich und offen zu bleiben.

Deine ganze Spiritualität ist nur in diesem Moment lebbar. Sie hat nichts mit irgend etwas zu tun, das du in der Vergangenheit gedacht oder gefühlt hast. Sie zeigt sich jetzt, in diesem Moment, in den augenblicklichen

Gegebenheiten. Du erlebst nur dann Dunkelheit und Mangel, wenn du die Situation ablehnst, mit der du im Augenblick konfrontiert wirst. Wenn du die Situation einfach siehst und dankbar dafür bist, erlebst du nichts als Freude.

Versuche nicht, aus der Dunkelheit herauszukommen. Versuche nicht, zur Freude zu gelangen. Diese Bewegung findet ganz von selbst statt. Sei einfach bereit, mit dem Strom zu schwimmen, und laß dich von dieser Bereitschaft tragen.

Das meiste, was du auf eigene Faust zu tun versuchst, wird fehlschlagen, weil du nicht weißt, wer du wirklich bist. Dein Selbstbild ist eingeschränkt. Du kennst oder spürst das Ausmaß von Gottes Liebe nicht. Du glaubst, daß irgendwann irgend etwas in dir kaputtging oder daß dir vielleicht ein paar Teile fehlen. Aber das ist nicht wahr. Dir fehlt nichts, und nichts ist kaputtgegangen. Du bist ganz – in diesem Augenblick.

Viele von euch beschäftigen sich mit Reichtumsbewußtsein, und doch scheint das, was ihr tut, nicht zu gedeihen. Warum? Weil ihr euren wahren Wert nicht kennt. Würdet ihr euren wahren Wert kennen, hättet ihr nicht das Gefühl, daß etwas in eurem Leben fehlt. Ihr wäret dankbar für alles, was ihr habt. Die Wahrheit ist, daß jeder Gedanke gedeiht. Jeder Gedanke, den du denkst, bringt seine Energie – positive oder negative – in die betreffende Situation ein. Negative Gedanken gedeihen genauso gut wie positive, und weil deine Gedanken eine Mischung aus positiven und negativen Gedanken sind, spiegelt deine äußere Situation beides wider.

Es wird dir jedoch nicht gelingen, negative Gedanken zu verbannen, indem du dich auf positive konzentrierst. Im Gegenteil, je mehr du dich auf die positiven Gedanken konzentrierst, desto mehr Macht gibst du deinen negati-

ven Gedanken. Diesem Paradoxon kannst du nicht entkommen.

Deshalb kannst du all deine Affirmationen vergessen.
Sie sind nur Hokuspokus. Hör auf, deine negativen Gedanken verändern zu wollen. Sei dir ihrer einfach bewußt. Sei dir der mit ihnen verbundenen Gefühle bewußt, und laß dich von deiner Bewußtheit führen.

Wie willst du lernen, dich vom göttlichen Gesetz führen und tragen zu lassen, wenn du stets in sein Wirken
eingreifst? Ich sage dir, du kannst dich nicht selbst in Ordnung bringen. Dein Versuch, dich selbst in Ordnung zu
bringen, spaltet dein Bewußtsein nur noch mehr.

Vielleicht scheint es, als würde ich dir zwei gegensätz-
liche Dinge sagen, aber das ist nicht der Fall. Ich sage dir,
daß dein Leben nur die Bedeutung hat, die du ihm gibst,
und daß du wählen kannst, ob du ihm eine positive oder
eine negative Bedeutung gibst. Und ich sage dir auch, daß
jede Bedeutung, die du ihm gibst, eingeschränkt ist. Beide
Aussagen sind wahr.

Wenn du deine Gedanken beobachtest, wird dir bewußt, daß ein Teil von dir ein Ergebnis wünscht und ein
anderer ein anderes. Du hast das Gefühl, dich für eine
dieser beiden Möglichkeiten entscheiden zu müssen, und
das verursacht Druck und Konflikte.

Einen inneren Konflikt kannst du nicht dadurch lösen,
daß du dich für eine von zwei gegensätzlichen Positionen
entscheidest. Das wird den Konflikt nur verstärken. Vielmehr löst du den Konflikt auf, indem du beide Positionen
akzeptierst. Mit anderen Worten, du akzeptierst die positiven und die negativen Gedanken gleichzeitig, ohne das
eine als „besser" zu betrachten als das andere. Dies ist ein
Akt der Liebe.

Liebe überwindet jede Form von Dualismus. Liebe
wählt nie eine Seite. Sie akzeptiert stets, daß beide Seiten

ihre Gültigkeit haben. Du glaubst, daß du zwischen richtig und falsch wählen mußt. Aber bist du oder ist irgend jemand anders in der Lage zu bestimmen, was richtig und was falsch ist? In dem Moment, in dem du glaubst, du wüßtest es, hast du den Faden der Wahrheit verloren.

Versuche also nicht zu wählen. Du weißt nicht, was die Wahrheit ist und was die Unwahrheit. Heiße nicht eine Seite willkommen und weise die andere zurück. Heiße sie beide willkommen oder keine. Sei neutral, und du wirst dem Leben begegnen, wie es ist. Solange du nicht an diesen Punkt der Neutralität gelangst, wirst du fortfahren, allem, was in deinem Leben geschieht, deine eigene Bedeutung überzustülpen, und wirst immer irgendeinen Aspekt von Mangel oder Bestrafung entdecken, weil du deinen eigenen Wert nicht kennst. Verstehst du, was ich sage? Selbst wenn es an dir irgend etwas gäbe, das in Ordnung gebracht werden müßte – und damit sage ich nicht, daß dies der Fall ist –, wüßtest du nicht, wie du es in Ordnung bringen solltest. Wenn du kaputt bist, wie kannst du dich dann selbst reparieren? Wie kannst du Ganzheit herstellen, wenn du innerlich zerrissen bist? Nur das, was nicht zerbrochen ist, kann seine Ganzheit erfahren.

Verstehe, daß jetzt in diesem Augenblick an dir oder deinem Leben nicht das geringste verkehrt ist. Alles ist, wie es sein sollte. Jetzt, in diesem Augenblick, bist du absolut geliebt.

Hast du Schmerzen oder Probleme? In Ordnung. Aber dennoch bist du absolut geliebt. Die Vorstellung, daß dich dein Schmerz von der Quelle der Liebe abschneidet, ist nichts als eine Vorstellung, die du der Situation übergestülpt hast. In Wahrheit schneidet dich nichts von der Liebe ab, außer deinen eigenen Glaubensmustern. Und das ist der eigentliche Grund, warum du leidest. Du leidest,

weil du denkst und fühlst, daß du von der Liebe abgeschnitten wurdest.

Du verdrehst die Wahrheit der Situation. Du machst
die Ursache zur Wirkung und die Wirkung zur Ursache.
Das ist deine Angst in Aktion. Verstehe es, damit du darüber hinaussehen kannst. Vertiefe deine Wahrnehmung,
dein Verstehen. Sieh dein ganzes Ego-Drama als das, was
es ist.

Verstehe, daß du deine Erfahrung der Welt durch deine
eigene Angst selbst erschaffst. Aber verurteile dich deswegen nicht. Akzeptiere, was du siehst, und laß es sich
von selbst verändern. Wenn du die Welt in ihrer absoluten
Neutralität siehst, wirst du verstehen, daß sie nur existiert, um dir als Mittel für deinen eigenen Lernprozeß zu
dienen.

Ich will dich nicht mit Konzepten verwirren, aber du
mußt verstehen, wie deine eigene Angst die Wahrheit verdreht. Sie läßt dich zum Opfer der Welt werden, und das
ist nicht die Wahrheit. Als Opfer wirst du niemals deine
kreative Kraft oder deine wahre Identität in Liebe erkennen.

Spiele nicht die Rolle des Opfers. Das ist ein sinnloses
Spiel, ein Spiel mit Spiegeln. Derjenige, der sich Übergriffe auf dich erlaubt, ist nur eine Spiegelung deines eigenen
Mangels an Selbstwertgefühl. Du hast seine Anwesenheit
in deinem Spiegel selbst hervorgerufen. Steh auf, gestehe
deinen Selbsthaß ein, und laß den anderen innerlich frei.
Groll gegen ihn zu hegen wird dir nicht helfen. Ihn zu
bestrafen, wird dir kein besseres Gefühl geben.

Laß diejenigen, die dich schlecht behandeln, in Frieden
ziehen. Bete für sie und segne sie. Binde sie nicht mit Rachegedanken an dich, sondern entlasse sie mit Worten der
Liebe und Ermutigung. Wisse, daß du dich selbst befreist,
indem du sie freiläßt.

Ich kann euch von der Macht der Vergebung predigen, aber ihr werdet nie wissen, wie groß diese Macht ist, solange ihr sie nicht selbst erfahren habt. Die Bereitschaft, sich selbst zu vergeben und andere vom eigenen Urteil zu befreien, ist die stärkste Kraft, die ihr in dieser Verkörperung erfahren könnt. Die einzige Macht, die noch größer ist, ist die Macht der Liebe selbst. Und ohne die Geste der Vergebung, die den Schleier der Angst zerreißt, bleibt die Macht der Liebe gezügelt.

Fasse dir ein Herz, mein Freund. Jedesmal wenn du vergibst, entfernst du eine Schranke, die du selbst vor deiner Fähigkeit zu lieben aufgebaut hast. Jedesmal wenn du vergibst, wird die Liebe in dir wachgerufen, und deine Fähigkeit, diese Liebe weiterzugeben, wächst. Das ist der Zweck dieser Reise. Widme dich ihm, und du wirst dein Ziel nicht verfehlen. Du kommst nach Hause.

Transparenz

Wenn du nichts zu verbergen hast, wird das Licht deiner Bewußtheit nicht länger von heimlicher Scham überschattet. Lügen müssen nicht länger aufrechterhalten werden. Deine Beziehungen werden nicht durch versteckte Botschaften vergiftet. Dein Leben wird von Einfachheit und Klarheit bestimmt, denn es gibt keine Täuschung mehr.

Diese Klarheit steht jedem von euch jetzt, in diesem Augenblick, zur Verfügung, wenn ihr den Mut habt, alles, was ihr denkt und fühlt, ohne Zögern mitzuteilen. Das ist eine Geste des Vertrauens gegenüber eurem Bruder und eurer Schwester. Sie zeigt eure Bereitschaft, sichtbar und verletzlich zu sein.

Wenn ihr vor etwas Angst habt und es mitteilt, wirken diese Angst und das darunterliegende Schuldgefühl nicht länger im Verborgenen. Wenn du einen Gedanken denkst, der einen anderen Menschen verurteilt, kannst du diesen Gedanken leugnen, vertuschen oder ihn auf jemand anderen projizieren. Oder du kannst ihn ans Licht bringen, um Bewußtheit und Heilung zu fördern. Du kannst deine aggressiven Gedanken verbergen oder sie beichten.

Wie die meisten Rituale hat auch das Ritual der Beichte seine eigentliche Bedeutung verloren. Es geht hier nicht darum, von jemand anderem die Absolution zu empfangen. Aber das Beichten hat viel damit zu tun, den Schleier der Täuschung zu zerreißen und Angst und Schuld an die Oberfläche des Bewußtseins zu holen. Derjenige, der die

Beichte anhört, ist kein Richter, sondern ein Zeuge. Er oder sie muß weder eine Robe tragen noch eine Autoritätsposition innehaben. Jeder ist als Zeuge geeignet, sofern er versteht, daß seine Aufgabe nicht darin besteht, zu urteilen oder zu verdammen, sondern lediglich voller Mitgefühl zuzuhören.

Es gibt niemanden, der keine Fehler macht. Beabsichtigte oder unbeabsichtigte Übergriffe sind an der Tagesordnung. Zu erwarten, daß alle Übergriffe aufhören, wäre Dummheit. Nur jemand, der nicht in Kontakt mit seiner menschlichen Verletzbarkeit ist, könnte ein so abgehobenes Ziel verfolgen. Und wie kann jemand, der seine Menschlichkeit nicht annehmen kann, seine Göttlichkeit annehmen? Ihr werdet immer wieder Fehler machen, und ich rate euch, dankbar für jeden Fehler zu sein, den ihr macht. Jeder Irrtum ist ein Geschenk, weil er euch Gelegenheit zur Korrektur gibt. Freut euch über diese Gelegenheiten, jegliche Manipulation und Täuschung an die Oberfläche zu bringen. Seid dankbar für die Einladung, in die dunklen Räume eures Geistes vorzudringen und das, was dort schlummert, ans Licht zu bringen, wo es einer bewußten Prüfung unterzogen werden kann.

Indem du deine Fehler rechtfertigst, klammerst du dich an sie, zwingst dich selbst, sie immer wieder zu verteidigen. Das raubt viel Zeit und Energie. Wenn du nicht achtgibst, kann es sogar zum vorherrschenden Thema deines Lebens werden.

Warum solltest du deine Irrtümer nicht bekennen? Dann mußt du nicht deine ganze Zeit darauf verwenden, sie zu rechtfertigen? Übernimm Verantwortung für deine Täuschung, damit sie dich nicht an die Begrenzungen der Vergangenheit binden kann. Erkenne jeden Übergriff offen und ehrlich an. Wenn du schlecht über deinen Nächsten denkst, so sage ihm das, und bitte ihn um Vergebung. Tu das nicht, um ihn auf ein Podest zu stellen, sondern um dich selbst davor zu bewahren, in den bodenlosen Abgrund des Selbsthasses und der Verzweiflung zu stürzen. Das ist die Medizin, die du brauchst, um frei von Angst, Unehrlichkeit und Schuld leben zu können. Nimm diese Medizin, mein Freund, ich habe sie dir schon früher angeboten – und ich biete sie dir wieder an.

Die Dichte und Dumpfheit dieser Welt resultiert aus eurem Mangel an Mut, eure Fehler zuzugeben. Sie ist ein Resultat des heuchlerischen Spiels, das du mit deinen Mitmenschen spielst. Glaubst du wirklich, du könntest moralischer oder rechtschaffener sein als sie? Bestenfalls bist du geschickter darin, deine Fehler zu vertuschen. Das ist ein trauriges und selbstzerstörerisches Spiel. Ich bitte dich, damit aufzuhören.

Ich bitte dich, deinem Nächsten zu vertrauen und zu erkennen, daß er nicht über dir steht, sondern gleichwertig an deiner Seite. Er kann dich nicht verurteilen, ohne sich gleichzeitig selbst zu verurteilen. Beichte dir selbst. Beichte deinem Ehepartner, deinem Chef, ja sogar dem Fremden auf der Straße. Mach dir keine Sorgen darüber, was die Leute denken mögen. Du vermittelst eine revolutionäre Lehre. Deine Beichte erlaubt anderen, ihre eigenen Fehler voll Mitgefühl zu betrachten.

Eine Frau, die ihre Fehler zugibt, ist ein Leuchtturm für andere. Sie hat den Schleier der Dunkelheit abgeworfen. Das Licht scheint durch sie hindurch, denn ihr Geist ist transparent, ein reiner Kanal, durch den die Wahrheit mühelos fließen kann. Ihr Bruder und ihre Schwester wissen sofort, daß sie ihr vertrauen können, und ergreifen ihre ausgestreckte Hand. Eine solche Frau ist eine wahre Priesterin. Weil sie sich ihre eigenen Sünden vergeben hat, kann sie diese Vergebung auch auf andere ausdehnen.

Ihre Autorität kommt nicht von außen, sondern von innen. Sie wurde von keiner weltlichen Autorität ermächtigt. Und doch wird sie jeder, der zu ihr kommt, anerkennen und ihr vertrauen.

Das ist die Wahrheit über das Beichten. Und jeder Mann, jede Frau, kann ein Priester, eine Priesterin sein. Glaubt nicht an die Lügen, die euch in meinem Namen erzählt werden. Benutzt euren gesunden Menschenverstand.

Ihr braucht euch nicht zu schämen, wenn ihr euch von der Religion abgewandt habt, weil ihr diese Lügen nicht akzeptieren konntet. Auch ich hätte mich von einer Kirche abgewandt, die nichts als Täuschung, Abgrenzung und Schuldzuweisung zu bieten hat. Ihr tut gut daran, falsche Lehren abzulehnen. Laßt euch jedoch nicht von eurer Wut über die Heuchelei weltlicher Männer in Priesterroben davon abhalten, direkt Verbindung zu mir aufzunehmen.

Vergeßt alles, was andere euch gelehrt haben, und betrachtet die Wahrheit in eurem eigenen Herzen. Dort müssen wir uns treffen, nicht in irgendeinem prunkvollen Bauwerk, das meiner Lehre und meinem Leben Hohn spricht.

Sieh der Wahrheit ins Auge, mein Freund. Du kannst dein Leiden nicht überwinden, solange du Geheimnisse vor mir oder vor deinem Nächsten hast. Um das Leiden zu beenden, mußt du alle Formen der Täuschung in deinem Leben aufgeben. Und das kannst du nur tun, indem du die Wahrheit sagst – dir selbst, mir und deinem Bruder. Was, außer der Dumpfheit und der Verwirrung der Welt, hast du zu verlieren? Möchtest du deine Geheimnisse behalten und im Labyrinth gefangen bleiben? Oder möchtest du sie beichten und die dunklen gewundenen Pfade verlassen? Es ist deine Entscheidung.

Doch halte dich nicht selbst zum Narren. In der Heimlichkeit oder Dunkelheit findet keine Erlösung statt. Im Lichte der Wahrheit jedoch wird jedem Menschen die Erlösung angeboten. Und in diesem Licht können sich keine Schatten der Scham oder Schuld halten. Habe den Mut, deine Fehler zuzugeben, damit du sie dir vergeben und dich von Kampf, Täuschung und Leid befreien kannst. Vertraue dich deinem Nächsten an, damit auch er sich eines Tages dir anvertrauen kann. Weise die Wahrheit nicht zurück oder behaupte, sie nicht gehört zu haben. Denn ich habe sie dir hier in einfachen Worten mitgeteilt, in Worten, die du verstehen kannst. Alles weitere liegt bei dir, denn du hast die Wahrheit erst angenommen, wenn du sie in deinem Leben zur Anwendung bringst.

Jeder von euch ist eine Facette des unendlich facettenreichen Juwels von Gottes Liebe und Gnade. Jeder von euch hat seine eigene Würde. Die Schönheit einer Facette stört das Strahlen einer anderen nicht, im Gegenteil, sie intensiviert es. Das, was eine Facette erstrahlen läßt, ist allen zugänglich. Mein Licht ist auch in dir, und ich werde von Gott nicht mehr geliebt als du. Dies, mein Bruder und meine Schwester, müßt ihr in eurem eigenen Herzen erkennen. Keine Lehre und keine Predigt kann euch dazu bringen, es zu glauben.

Deshalb bitte ich euch, unablässig zu üben. Entfernt die durch Urteile entstehenden Unreinheiten, welche die Klarheit eurer Wahrnehmung trüben. Entfernt die Hindernisse, die durch Konkurrenz, Neid und Gier aufgetürmt werden, denn sie blockieren den Fluß der Liebe in euren Herzen. Steht zu euren Ängsten, euren Gefühlen der Unzulänglichkeit, zu euren Übergriffen und zu eurem Groll. Bringt eure geheimen Gedanken und Gefühle aus der Dunkelheit ins Licht des Bewußtseins.

Es gibt keinen Fehler, der nicht korrigiert, keinen Übergriff, der nicht vergeben werden kann. Das ist meine Lehre. Aber ihr könnt sie nicht allein durch meine Worte verstehen. Alles, was ich gelehrt habe, habe ich auch gelebt. Wie könnte ich von dir, mein Freund, weniger verlangen?

Das erwachende Herz

Bedingungslose Liebe ist etwas ganz Natürliches. Es entspricht deiner Natur, für dich selbst und andere Mitgefühl zu empfinden. Es ist ganz natürlich, daß du einem Freund beistehen und ihn trösten willst. Und genauso natürlich ist es, die Liebe derjenigen, die mit dir fühlen, anzunehmen.

All das erfordert keine Anstrengung. Das mußt du nicht erst lernen.

Warum aber machst du dann so selten die Erfahrung bedingungsloser Liebe? Die Antwort wird dich vielleicht überraschen.

Anfangs warst du eins mit Gott und hattest teil an der Allmacht Seiner Liebe. Nichts war dir unmöglich. Aber dann begannst du dich zu fragen, was wohl geschehen würde, wenn du ohne Gott etwas Eigenes erschaffen würdest. Da du das noch nie zuvor getan hattest, warst du deiner Sache nicht allzu sicher. Du begannst an dir zu zweifeln und fragtest dich: „Was ist, wenn etwas schiefgeht?" Dieser Zweifel war nichts anderes als deine Trennungsangst, aber er zog viele andere angstvolle Gedanken nach sich. Einer davon war der Gedanke: „Wenn ich ein Chaos verursache, wird Gott vielleicht wütend auf mich und entzieht mir Seine Liebe." Und dieser Gedanke war ausschlaggebend. Als er von dir Besitz ergriff, dauerte es nicht lange, bis du dich schuldig und von Gottes liebevoller Gegenwart abgeschnitten fühltest. Diese Trennung war künstlich und von dir selbst verursacht, aber für dich fühlte sie sich real an. Du

glaubtest daran. Und so war alles, was du seither erschaffen hast, das Resultat des Glaubensmusters: „Gott
liebt mich nicht. Er ist unzufrieden mit mir. Ich bin seiner Liebe nicht wert."

In deiner Vorstellung warst du also „in Ungnade gefallen". Statt an der Allmacht der Liebe Gottes teilzuhaben,
hattest du jetzt Angst vor dieser Liebe. Du bekamst Angst
vor deiner eigenen Schöpferkraft und begannst, sie vor
dir selbst zu verbergen. Du hörtest auf, ein Schöpfer zu
sein, und wurdest zum Opfer. Du hörtest auf, eine Ursache zu sein, und wurdest zur Wirkung. Mit anderen Worten, du hast die Wirklichkeit auf den Kopf gestellt. Du
hast die Liebe zu etwas Angstbesetztem gemacht.

Wenn du dich getrennt fühlst, fällt es dir schwer, dich
daran zu erinnern, wie es vor der Trennung war. Und
genau das scheint dein Dilemma zu sein.

Um den Weg zurück zu Gott zu finden, mußt du deine
eigene Spur zurückverfolgen und erkennen, daß die
„Trennung" deine Entscheidung war, nicht Seine. Du
fragtest: „Was wäre, wenn ich diese Macht mißbrauch-
te?" Und dann machtest du dich daran, eine Welt zu erschaffen, in der deine Macht mit Angst verbunden war.
Du hieltest nicht inne, um Gottes Antwort auf deine
Zweifel und Ängste abzuwarten.

Hättest du Seine Antwort abgewartet, hättest du wahrscheinlich etwa dies gehört: „Du wirst bedingungslos geliebt. Ich werde dir niemals meine Liebe entziehen. Wenn
du dich daran erinnerst, daß du geliebt bist, kannst du
nur liebevoll handeln." Hättest du Gottes Antwort gehört, wäre dein Traum der Trennung zu Ende gewesen.
Denn Gottes Antwort stellt deine Annahme, du würdest
nicht geliebt, unmittelbar in Frage. Diese Annahme war
die allererste neurotische Vorstellung. Jegliches Opferver-
halten entspringt dieser Vorstellung. Du kannst keine

„bösen" Gedanken denken oder „böse" Handlungen begehen, wenn du überzeugt bist, daß du „der Liebe wert bist". Alle Angriffe resultieren aus der Vorstellung, daß du der Liebe nicht wert bist.

Adam und Eva stellten die gleiche „Was-wäre-wenn-Frage": „Was wäre, wenn ich den Apfel essen und so mächtig werden würde wie Gott?" Auch sie gaben sich ihre eigene angstbesetzte Antwort, schämten sich und versteckten sich vor Gott. Du stellst heute die gleiche Frage. Du kaust am gleichen Apfel. Auch du spielst Verstekken mit Gott. Indem du dir diese Frage ständig stellst und selbst beantwortest, hältst du deine Erfahrung, Opfer oder Täter zu sein, aufrecht. In deiner selbstgeschaffenen Welt bist du entweder das Opfer oder der Täter. Wenn du dir diese Rollen genauer anschaust, stellst du allerdings fest, daß sie sich nicht sehr voneinander unterscheiden. Das Opfer braucht den Täter und umgekehrt.

Die Frage nach dem Bösen kommt überhaupt erst auf, wenn man daran zweifelt, es wert zu sein, Liebe zu geben und zu empfangen. Das ist dein existentieller Zustand. Du zweifelst daran, daß du liebenswert bist... Du und alle anderen in deiner Welt. Und nun stehst du vor der Wahl, der einzigen Wahl, die du zu treffen hast: Wirst du die Frage „Bin ich liebenswert?" beantworten, oder wirst du innehalten, um Gottes Antwort zu hören? So einfach ist das. Wirst du zulassen, daß Gott deine ursprünglich falsche Annahme korrigiert, oder wirst du diese Annahme als die Wahrheit betrachten und dein Leben auf dieser Grundlage aufbauen?

Es ist nie zu spät zu erkennen, daß deine Antwort auf deine eigene angstvolle Frage unbefriedigend ist. Es ist nie zu spät, sich Gott zuzuwenden und zu sagen: „Gott, meine Antwort hat mich mit Angst erfüllt. Meine Antwort hat nur zu Kampf und Schmerz geführt. Es muß wohl die falsche Antwort sein. Kannst du mir bitte helfen, eine andere zu finden?"

Dein spirituelles Leben auf dieser Erde kann nicht beginnen, bevor du diese Frage stellst. Es spielt keine Rolle, welcher Religion du angehörst. Es spielt auch keine Rolle, welche gesellschaftliche Stellung du innehast oder wieviel Geld du besitzt. Jeder von euch kommt in seinem Leben eines Tages an den Punkt, wo er bereit ist, die eigenen falschen Glaubensmuster und Annahmen in Frage zu stellen. Und das ist der Anfang der Heilung, mit der du deine Kraft und deinen Lebenssinn wiederfinden wirst.

Das Anzweifeln deines eigenen Zweifels, das Negieren deiner eigenen Negativität ist der Wendepunkt, das Ende des Abstiegs in die Materie und der Anfang des Aufstiegs in den Himmel. Es ist die Erneuerung deiner Partnerschaft mit Gott, der Neue Bund.

Du kannst nicht Gottes Partner sein, solange du dich selbst oder irgend jemand anderen als unglückliches Opfer betrachtest. Der Neue Bund setzt voraus, daß du das Königreich Gottes in deinem eigenen Herzen erkennst. Das heißt, anders ausgedrückt, daß du die Vorstellung zurückweist, Gott sei von dir getrennt. Du weist die Vorstellung zurück, daß du nicht liebenswert bist oder daß dein Nächster nicht liebenswert ist. Du weist die Vorstellung vom „Bösen" als eine aus der Angst geborene Idee zurück. Du weist die Vorstellung zurück, daß Gottes Macht mißbraucht werden kann.

Der Neue Bund demonstriert dein Annehmen der Antwort Gottes auf die Frage: „Was wäre, wenn?" Es steht am Anfang deiner eigenen, persönlichen Erlösung und ist der Beginn des von Menschen erfahrbaren Königreichs Gottes auf Erden.

Vor langer Zeit hast du deine Partnerschaft mit Gott und deine Funktion als Sein Mitschöpfer geleugnet. Jetzt bist du bereit, sie wieder einzufordern. Vor langer Zeit hast du die Vorstellung entwickelt, du könntest in Gottes Augen nicht liebenswert sein. Jetzt bestehst du auf der Erneuerung deiner ewigen Liebesverbindung mit Ihm. Wenn du Gott erneut in dein Leben läßt, verändert sich deine gesamte Sichtweise der Welt und aller in ihr lebenden Wesen. Du bist ein Vater und eine Mutter für jedes Kind, das dir begegnet, ein Sohn oder eine Tochter für jeden älteren Menschen. Du bist dem Freundlichen wie dem Unfreundlichen ein Freund, und du liebst den, der sich daran erinnert, daß er geliebt wird, ebenso wie den, der es vergessen hat. Es gibt keinen Ort, an dem deine liebevolle Präsenz und dein Zeugnis von Gottes Liebe nicht gebraucht wird. Alle schreien nach deinen sanften, freundlichen Worten. Alle wollen aus dem Becher trinken, der deinen Durst gestillt hat.

Der Traum vom Unglück endet, wenn er in Frage gestellt wird. Wenn du dein Unglücklichsein in Frage stellst, erwachst du für die bedingungslose Liebe, die in deinem Herzen gegenwärtig ist. Stellst du dein Unglücklichsein aber nicht in Frage, dann verstärkst du es, bis du am Boden zerstört bist. Denn solange du nicht ganz unten bist, bist du mit deinen eigenen Antworten zufrieden.

Niemand kann einen anderen zum Aufwachen zwingen. Jeder Mensch erkennt die Oberflächlichkeit und Nichtigkeit der an Bedingungen geknüpften Liebe, wenn er oder sie dazu bereit ist. Jeder Mensch hält an Trennung und Kontrolle fest, bis der Schmerz unerträglich wird. Die Schmerzgrenze ist von Mensch zu Mensch verschieden, doch irgendwann überschreitet sie jeder.

Deshalb bitte ich dich, anderen nicht zu predigen, sondern ihnen einfach deine Liebe entgegenzubringen. Diejenigen, die bereit sind, sie zu empfangen, werden dir folgen und um deine Hilfe bitten. Diejenigen, die nicht bereit sind, werden ihre eigene Reise fortsetzen, ohne die deine zu stören.

Ein Seelsorger „sorgt" für die, die der Hilfe bedürfen. Er bringt, still oder mit Worten, jenen Liebe entgegen, die darum bitten. Er schüchtert die „Ungläubigen" nicht mit Reden oder Konzepten ein, die Erlösung in der Zukunft versprechen.

Erlösung wird hier und jetzt denen zuteil, die erlöst werden wollen. Aber verurteilt nicht die anderen, denn es steht euch nicht zu, zu urteilen. Diejenigen, die später in Gottes Königreich der Liebe zurückkehren, sind nicht weniger wert als die, die früher ankommen. In Wahrheit ist es nicht Gott, der dich zu sich emporhebt, und ich bin es auch nicht. Du hebst dich selbst empor, indem du dich daran erinnerst, wie liebenswert du bist, und deine Rolle in Gottes Plan akzeptierst. Du kannst deine Allmacht nicht akzeptieren, solange keine Aussöhnung mit Gott stattgefunden hat. Denn alle Macht kommt von ihm. Du hast als gleichwertiger Partner daran teil, aber du kannst diese Macht niemals getrennt von Gott ausüben. Selbst in deinem „Was-wäre-wenn-Traum" konntest du dich nie hundertprozentig von Seiner Liebe abschneiden. In diesem Traum überschrittest du die Schmerzgrenze und entschiedst dich zurückzukehren. So geht es jedem von euch.

Die Macht der Liebe Gottes kann nicht mißbraucht werden. Sie kann zurückgewiesen, verleugnet, verdeckt werden. Aber alle Zurückweisung, Verleugnung und verdeckte Schuld hat ihre Grenzen. Die Wahrheit kann verzerrt, aber niemals völlig ausgelöscht oder geleugnet werden. Ein winziges Licht bleibt immer, auch in der tiefsten Dunkelheit. Und dieses Licht wird gefunden, wann immer der Wunsch wach wird, es zu finden.

Du, mein Freund, bist der Held deines eigenen Traumes. Du bist der Träumer, der die Dunkelheit träumt, und auch derjenige, der das Licht bringt. Du bist der Versucher und der Erlöser in einem. Das wirst du eines Tages wissen, wenn du es nicht jetzt schon weißt.

In diesem selbstinszenierten Drama führst du deine Auseinandersetzungen nur mit Gott. Es scheint, als führtest du sie mit deinem Bruder, aber das ist nicht wahr. Der Baum der Erkenntnis von Gut und Böse wächst in deinem eigenen Kopf. Und in deinem eigenen Kopf stellst du dir die Fragen nach Ungleichheit und Mißbrauch.

Es wird eine Zeit kommen, da deine Antwort und Gottes Antwort völlig übereinstimmen. Und dann wird sich der Baum von Gut und Böse in den unteilbaren, ganzheitlichen Baum des Lebens verwandeln. Die Liebe hat dann keinen Gegenpol mehr, sondern dehnt sich frei in alle Richtungen aus.

Wenn jemand auf dich zukommt, der deine oder seine Liebe an Bedingungen knüpfen will, wirst du zu ihm sagen: „Bruder, ich habe diesen Traum geträumt, und ich kenne seinen Ausgang. Er führt nur zu Leid und Tod. Er wird uns beiden nicht gerecht. Laß uns die Vorstellungen, denen er entspringt, gemeinsam in Frage stellen. Ich bin sicher, daß wir gemeinsam einen besseren Weg finden werden."

Wenn du dich jemals gefragt hast, was dein Daseinszweck auf dieser Erde ist, dann lies noch einmal, was du gerade gelesen hast. Du wirst dich daran erinnern, daß dein Daseinszweck ausschließlich darin besteht, auf den Schrei nach Liebe zu antworten, wo immer du ihn vernimmst. Das ist nicht schwer, wenn du willens bist. Es erfordert keine besonderen Fähigkeiten oder Begabungen. Das Wie und Warum der Liebe regelt sich von selbst, während du durch die Tür gehst, die sich vor dir öffnet.

Ich habe nie gesagt, daß du durch Mauern gehen oder gar versuchen sollst, über das Wasser zu wandeln. Ich habe immer nur auf die offene Tür gezeigt und dich gefragt, ob du bereit bist einzutreten. Und das ist alles, was du deinen Nächsten fragen mußt.

Ein Mensch, der bedingungslos liebt, ist niemals auf das Ergebnis fixiert. Menschen kommen und gehen, und du wirst nie wissen, warum und wozu. Manche passieren das Tor deiner Meinung nach mit Leichtigkeit, wenden sich dann aber plötzlich ab. Andere, von denen du sicher warst, sie würden nie auch nur in die Nähe des Tors kommen, überschreiten die Schwelle eines Tages mit unerwarteter Anmut.

Mach dir darüber keine Gedanken. Es ist nicht deine Sache, wer kommt und wer geht. Der Bund wird in jedem Herzen geschlossen, und Gott allein weiß, wer bereit ist und wer nicht. Wir sollten es Ihm überlassen und uns einfach nur in Seinen Dienst stellen. Das Leben verläuft viel reibungsloser, wenn wir Seinen Willen tun. Und indem wir Ihm vertrauen, werden unsere Herzen bis zum Rand gefüllt und fließen über vor Liebe und Hingabe. So machen wir die Erfahrung, daß Liebe unbegrenzt zur Verfügung steht. Sie hat keinen Anfang und kein Ende. Alle irdischen Begrenzungen lösen sich in der grenzenlosen Liebe des Himmels auf, wenn das Königreich Gottes in unseren eigenen Herzen errichtet wird.

Abschied vom Mangelbewußtsein

Das Mangeldenken entspringt deiner Wahrnehmung, daß du es nicht wert bist, geliebt zu werden. Wenn du dich der Liebe nicht wert fühlst, wirst du den Mangel nach außen projizieren. Du wirst das Glas eher als halbleer betrachten, denn als halbvoll. Wenn du das Glas als halbleer ansiehst, brauchst du dich nicht zu wundern, wenn bald überhaupt nichts mehr darin ist. Mangel entspringt einer negativen Sichtweise. Dieses Prinzip wirkt natürlich auch umgekehrt.

Betrachte das Glas als halbvoll, und es wird nicht allzu lange dauern, bis es bis zum Rand gefüllt ist. Wenn du weißt, daß du liebenswert bist, wirst du dazu neigen, die Worte und Handlungen anderer auf liebevolle Weise zu interpretieren. Du wirst dich nicht schnell gekränkt fühlen. Geht jemand grob oder rücksichtslos mit dir um, ziehst du die Möglichkeit in Betracht, daß er oder sie heute einen schlechten Tag hat. Du fühlst dich nicht als Opfer, fühlst dich nicht mißachtet.

Wie du dein Leben betrachtest, hängt davon ab, ob du dich liebenswert oder nicht liebenswert, wertvoll oder wertlos fühlst. In beiden Fällen wirst du eine äußere Situation erschaffen, die deine Meinung über dich selbst bestärkt. Jegliche Sorge um ausreichenden Nachschub rührt daher, daß ihr in der Vergangenheit lebt. Mangel ist einfach nur die Erinnerung an alte Wunden. Und diese werden nur allzu schnell in die Zukunft projiziert.

Um dem Mangeldenken ein Ende zu setzen, mußt du Vergangenes vergeben. Es spielt keine Rolle, was in der

Vergangenheit geschehen ist. Es wirkt sich nicht mehr aus, weil du es losgelassen hast.

Fühlst du dich ungerecht behandelt? Wenn ja, wirst du Mangel in dein Leben projizieren. Nur jemand, der sich unfair behandelt fühlt, wird unfair behandelt.

Um über das Mangelbewußtsein hinausgehen zu können, solltest du dir zunächst einmal bewußt machen, daß du dich unfair behandelt fühlst. Erkenne, daß dieses Gefühl deinem tiefverwurzelten Gefühl der Wertlosigkeit entspringt. Verstehe, daß du dich jetzt nicht liebenswert fühlst.

Versuche nicht, diesen Gedanken zu ändern. Wiederhole nicht die Affirmation „Ich bin jetzt liebenswert" in der Hoffnung, daß sie deine Konditionierung ins Gegenteil verkehren wird. Sei dir einfach bewußt: „Ich fühle mich jetzt nicht liebenswert. Ich fühle mich wertlos. Ich fühle mich mißachtet. Ich habe Angst, daß die schlimmen Dinge, die in der Vergangenheit geschehen sind, sich wiederholen werden." Nimm einfach wahr, wie sehr sich dein Herz verkrampft und angespannt hat. Nimm wahr, wie sehr du dich emotional verschlossen hast. Und frage dich, ob du dich jetzt sicherer fühlst als zuvor.

Du hast Informationen bekommen und hattest die Wahl, ob du sie als positiv oder als negativ betrachten wolltest. Du hast dich entschieden, das Glas als halbleer anzusehen. Du hast dich für die Opferrolle entschieden. Das ist in Ordnung. Kein Grund, sich zu schämen. Kein Grund, sich noch mehr zu verkrampfen. Es ist nicht nötig, daß du dich selbst niedermachst. Sei dir einfach deiner Wahl und der mit ihr einhergehenden Gefühle bewußt. Schau dir alles an, und laß es los.

„Ich sehe, welche Wahl ich getroffen habe, und ich sehe auch, daß mich das unglücklich gemacht hat. Ich will nicht unglücklich sein, also werde ich eine andere Wahl treffen. Ich werde das Glas als halbvoll betrachten."

Wenn du diese Worte aus ganzem Herzen sagen kannst, wirst du die Vergangenheit loslassen, die Wunde heilen. Versuche es. Es funktioniert.

Du hast dich fleißig darin geübt, ein Opfer zu sein, und hast diese Rolle gut gelernt. Glaube nicht, daß Unangreifbarkeit ohne Üben möglich ist. Sieh einfach, daß du gewählt hast, Opfer zu sein, und sei bereit, diese Rolle loszulassen. Das genügt.

Überflußdenken spiegelt dein Gefühl, daß du jetzt geliebt wirst und jetzt wertvoll bist. Natürlich kannst du immer sagen, daß du dich so fühlst, aber wie wertvoll fühlst du dich, wenn das Telefon klingelt und du erfährst, daß du gerade eine Menge Geld verloren hast oder daß deine Frau dich verlassen wird? Ist das Glas halbleer oder halbvoll? Bereits das Bewußtmachen deiner auf Angst beruhenden Denkweise hilft dir sehr, sie zu transformieren. Emotionale Ehrlichkeit ist eine wesentliche Voraussetzung für spirituelles Wachstum.

Du kannst dich nicht zu positivem Denken zwingen, aber du kannst deine Negativität annehmen. Das ist ein Akt der Liebe, eine Geste der Hoffnung, die besagt: „Ich sehe, was vor sich geht, und ich weiß, daß es einen besseren Weg gibt. Ich weiß, daß ich eine andere Wahl treffen kann."

Der individuelle Erlösungsweg besteht darin, sich selbst eine andere Wahl zu ermöglichen. Und dieser Weg wird dadurch bereitet, daß man Vergangenes vergibt und losläßt. Es spielt keine Rolle, wie oft du den gleichen Fehler gemacht hast, du hast stets aufs neue Gelegenheit, dir selbst zu vergeben. Ohne Vergebung ist es unmöglich, über das Mangeldenken hinauszugehen. Und um vergeben zu können, mußt du dir all deiner Schmerzen und

Wunden bewußt werden. Du mußt sie anerkennen. Erst dann kannst du sie vergeben.

Verborgene Wunden sind mit verborgenen Szenarien verknüpft, die uns an die Vergangenheit ketten. Tiefe Wunden müssen vielleicht erst einmal verbunden werden, aber irgendwann müssen sie der Luft und dem Sonnenlicht ausgesetzt werden, damit eine vollständige Heilung stattfinden kann. Alle unbewußten Glaubensmuster und Überzeugungen müssen ans Licht des Bewußtseins gebracht werden. Mangel ist ein wichtiger Lehrmeister. Jede Wahrnehmung eines Mangels in deiner Umgebung spiegelt ein inneres Gefühl der Wertlosigkeit, das bewußt gemacht werden muß.

Wenn du die Erfahrung des Mangels machst, so bedeutet dies keinesfalls, daß Gott dich bestraft. Sie zeigt dir lediglich ein Glaubensmuster auf, das korrigiert werden muß.

Du hast die Fähigkeit, dich selbst zu lieben, und diese Fähigkeit muß wachgerufen werden, damit echtes spirituelles Wachstum stattfinden kann.

Du lernst, dich selbst zu lieben, indem du siehst, wie du dir selbst Liebe vorenthältst. Und oft erkennst du, wie du dir selbst Liebe vorenthältst, indem du siehst, wie du sie anderen vorenthältst.

Fülle kommt nicht in dein Leben, weil du irgendeine Beschwörungsformel, irgendeinen Hokuspokus auswendig gelernt hast, sondern weil du gelernt hast, Liebe in die verwundeten Bereiche deiner Psyche fließen zu lassen. Liebe heilt jede Wahrnehmung von Trennung und Konflikt und stellt die ursprüngliche Wahrnehmung der Ganzheit und der Freiheit von Sünde oder Schuld wieder her.

Wenn du dich selbst gesehen hast, wie du wirklich bist, weißt du, daß dir die Liebe niemals genommen werden kann. Die Liebe gehört dir in alle Ewigkeit..., formlos, aber allgegenwärtig, bedingungslos, aber mit Leichtigkeit auf die jeweils vorherrschenden Umstände reagierend. Jedesmal, wenn du eine anscheinend schlechte Nachricht erhältst, solltest du dies bedenken. Würde Gott dir ein fragwürdiges Geschenk machen? Laß dich nicht durch die Verpackung irritieren, sondern öffne das Geschenk mit offenem Herzen. Und wenn du seine Bedeutung dann immer noch nicht verstehst, sei still und warte ab. Gott macht keine fragwürdigen Geschenke.

Oft wirst du die Bedeutung eines Geschenks erst dann erkennen, wenn es sich in deinem Leben auszuwirken beginnt. Gottes Geschenke entsprechen nicht unbedingt deinen Erwartungen, sie nähren nicht dein Ego. Ihr Wert ist von höherer Qualität. Sie helfen dir, dir deiner wahren Natur und deiner Bestimmung auf dieser Erde bewußt zu werden. Manchmal scheinen sie eine Tür zu schließen, und du verstehst nicht, warum. Erst wenn sich irgendwann die richtige Tür vor dir öffnet, verstehst du, weshalb die falsche geschlossen wurde.

Du lebst in Partnerschaft mit dem göttlichen Bewußtsein. Versuche nicht, allein die Verantwortung für die Fülle in deinem Leben zu übernehmen, aber mache auch nicht Gott allein dafür verantwortlich. Du brauchst Ihn und Er braucht dich. Sei bereit, dir deine Ängste und deine Minderwertigkeitsgefühle anzuschauen, und Er wird dir helfen, den göttlichen Funken in deinem Inneren zu sehen.

Indem du bereit bist, dich selbst zu lieben, öffnest du den Kanal, durch den Gottes Liebe dich erreichen kann. Öffne das Tor zur Fülle in deinem eigenen Bewußtsein, und sieh die Geschenke der Liebe, die dir überall gespiegelt werden. Werte diese Geschenke oder die Form, die sie in deinem Leben annehmen, nicht. Denn ihr Wert ist über jeden Zweifel erhaben, und die Form kann nur allzu leicht mißverstanden werden.

Dankbarkeit

Man kann nicht über die Fülle sprechen, ohne auch die Dankbarkeit zu erwähnen. Dankbarkeit entspringt dem Gefühl, der Geschenke würdig zu sein, und verstärkt die Erfahrung der Fülle. Undankbarkeit und Groll dagegen entspringen dem Gefühl der Wertlosigkeit und verstärken die Wahrnehmung des Mangels. Dies sind zwei geschlossene Kreise.

Um in den Kreis der Gnade zu gelangen, mußt du dir selbst oder einem anderen Liebe entgegenbringen. Um in den Kreis der Angst zu gelangen, mußt du dir selbst oder einem anderen Liebe vorenthalten.

Wenn du dich innerhalb eines Kreises befindest, wird die Realität des anderen Kreises zweifelhaft. Deshalb hast du oft das Gefühl, daß es zwei sich gegenseitig ausschließende Erfahrungswelten gibt.

Der Dankbare kann sich nicht vorstellen, ungerecht behandelt zu werden. Der Verbitterte kann sich nicht vorstellen, von Gott geliebt zu werden. In welcher Welt willst du leben?

Du mußt dich in jedem Augenblick entscheiden, ob du die Rolle des Opfers spielen oder dich daran erinnern willst, daß du nicht unfair oder ungerecht behandelt werden kannst. Im ersten Fall wirst du das Geschenk ablehnen und es als Bestrafung betrachten, im zweiten Fall wirst du das, was auf dich zukommt, annehmen, wohlwissend, daß es dir Segen bringt, auch wenn du das im Moment noch nicht erkennen kannst.

Dankbarkeit ist die Entscheidung, die Liebe Gottes in

allem zu sehen. Kein Wesen, das sich dafür entscheidet, kann unglücklich sein. Denn die Entscheidung, die Dinge dankbar anzunehmen, führt so sicher zum Glück wie die Entscheidung, die Dinge geringzuschätzen, zu Unglück und Verzweiflung führt.

Die eine Haltung ist unterstützend und erhebend, die andere entwertend und zerstörerisch.

Deine Art, auf das Leben zu reagieren, bestimmt ununterbrochen deine Wahrnehmung. Wenn du in Verzweiflung lebst, dann ist das so, weil du dich entschieden hast, die Geschenke, die dir dargeboten wurden, zu mißachten.

Jeder Mensch, der auf dieser Erde wandelt, erntet die Früchte der Gedanken, die er gesät hat. Und wenn er im nächsten Jahr etwas anderes ernten will, muß er die Gedanken ändern, die er jetzt denkt. Denke einen einzigen dankbaren Gedanken, und du wirst sehen, wie wahr dieser einfache Satz ist. Bevor du das nächste Mal ein Geschenk, das dir gemacht wird, mißachtest, halte einen Moment inne und öffne dein Herz, um dieses Geschenk dankbar anzunehmen. Achte dann darauf, wie deine Erfahrung in bezug auf das Geschenk und die Beziehung zum Schenkenden transformiert wird.

Bevor du das nächste Mal jemanden verurteilst oder verdammst, halte einen Augenblick inne und laß diesen Menschen in dein Herz hinein. Segne, wo du verdammen wolltest, urteile nicht, und sei froh darüber, daß du nicht geurteilt hast. Spüre die innere Befreiung, die du erfährst, wenn du einen anderen Menschen aus deiner engen, begrenzten Wahrnehmungswelt entläßt.

Als ich sagte, halte auch die andere Wange hin, habe ich dich aufgefordert, deinem Nächsten zu demonstrieren, daß er dich nicht verletzen kann. Und wenn er dich nicht verletzen kann, kann er wegen seines Angriffs auf dich nicht schuldig sein. Und wenn er nicht schuldig ist, muß er sich nicht selbst bestrafen.

Indem du auch die andere Wange hinhältst, lädtst du deinen Nächsten nicht ein, dich noch einmal zu schlagen. Vielmehr erinnerst du ihn daran, daß es keine Verletzung gibt. Du zeigst ihm, daß du nicht unfair behandelt werden kannst. Du demonstrierst ihm deine Weigerung, Angriffe zu akzeptieren, denn du weißt, daß du auch in diesem Moment wertvoll und liebenswert bist. Da du um deinen Wert weißt, wirst du dies erkennen.

Die Gewalttätigkeiten und Übergriffe in dieser Welt werden enden, wenn du dich weigerst, entweder Opfer oder Täter zu sein. Dann trittst du aus dem Kreis der Angst heraus und alles, was du tust oder sagst, ist ein Ausdruck deiner natürlichen Würde und Güte. Jeder einzelne von euch wird diese Erfahrung machen.

Der Christus wird in euch geboren, wie er in mir geboren wurde. Doch zuvor müßt ihr sämtliche Minderwertigkeitsgefühle, jegliches Mangeldenken, allen Groll und jegliches Bedürfnis, jemanden anzugreifen oder euch zu verteidigen, hinter euch lassen. Zuerst müßt ihr lernen, auch die andere Wange hinzuhalten.

Es scheint, daß zwei Welten nebeneinander existieren, aber in Wahrheit gibt es nur eine. Angst ist nichts anderes als ein Mangel an Liebe. Mangel ist nichts anderes als die Abwesenheit von Fülle. Groll und Ablehnung sind nichts anderes als ein Mangel an Dankbarkeit.

Es kann nicht an etwas mangeln, das nicht zuvor im Überfluß vorhanden war. Ohne Anwesenheit kann es keine Abwesenheit geben.

Es ist wie ein Versteckspiel. Irgend jemand muß sich zuerst verstecken. Wer wird es sein? Du oder ich? Vielleicht wird es der Schöpfer selbst sein. Das spielt in Wirklichkeit keine Rolle. Wenn du an der Reihe bist, wirst du dich verstecken, und dein Bruder wird dich finden, so wie ich ihn fand. Jeder ist irgendwann an der Reihe, sich zu verstecken, und jeder wird schließlich gefunden. Die Welt der Dualität kommt aus der Einheit und kehrt wieder zur Einheit zurück. Was vereint ist, trennt sich und wird wieder eins. Es ist einfach ein Tanz. Und er muß nicht angstbesetzt sein. Ich lade dich ein, an diesem Tanz teilzunehmen, ohne dich selbst allzu ernst zu nehmen. Ihr seid alle keine professionellen Tänzer. Aber jeder von euch ist in der Lage, die Schritte zu lernen. Wenn du jemand anderem auf die Fußzehen trittst, genügt es, einfach „tut mir leid" zu sagen. Ihr alle macht diesen Lernprozeß gleichzeitig durch, und es ist zu erwarten, daß ihr Fehler macht.

Freiheit von Anhaftung

Menschen, denen es hervorragend gelingt, ihre Ideen und Vorstellungen in der physischen Welt zu manifestieren, haben gelernt, sich realistische Ziele zu setzen und sie auf flexible Art und Weise anzusteuern, indem sie auf die jeweils gegebenen Umstände reagieren.

Wenn du verstehen willst, was Flexibilität ist, solltest du einen jungen Baum im Wind beobachten. Sein Stamm ist noch dünn und zerbrechlich, und doch verfügt er über große Kraft und Ausdauer. Das ist so, weil er sich mit dem Wind und nicht gegen ihn bewegt.

Wenn die richtigen Bedingungen für ein bestimmtes Ereignis gegeben sind, wird es sich ohne große Mühe manifestieren. Wenn die Voraussetzungen jedoch nicht stimmen, gelangt man selbst mit großer Anstrengung nicht zum Ziel. Um sich mit dem Wind bewegen zu können, muß man ein Gefühl für die vorherrschenden Bedingungen entwickeln. Zu manchen Zeiten ist Ruhe und Rückzug angesagt, zu anderen Zeiten muß man sich energisch vorwärts bewegen.

Es gehören gesunder Menschenverstand und Intuition dazu, zu wissen, wann man die Dinge vorantreiben und wann man sich zurückziehen muß. Mit abstraktem Denken allein kannst du die Dinge nie im Ganzen erfassen. Es muß mit emotionaler Sensibilität verbunden sein.

Um ein Ereignis oder eine Situation richtig einschätzen zu können, mußt du dir nicht nur darüber im klaren sein, daß du emotional daran beteiligt bist, du mußt auch den äußeren Anschein und den Verlauf des Ereignisses verste-

hen. Du mußt also sowohl die inneren als auch die äußeren Realitäten in Betracht ziehen. Manche Leute sagen,
die innere Realität bestimme die äußere. Andere wiederum behaupten, die äußere Realität bestimme die innere.
Beides ist wahr. Das Huhn würde ohne das Ei nicht existieren, aber das Ei auch nicht ohne das Huhn. Ursache
und Wirkung folgen nicht linear aufeinander. Sie manifestieren sich gleichzeitig. Sie sind zirkulär. Nicht nur bestimmt die Ursache die Wirkung, sondern die Wirkung
bestimmt auch die Ursache.

Die Antwort auf die Frage „Was war zuerst da – das
Huhn oder das Ei?", kann nur lauten: keines von beiden
oder beide. Das Huhn und das Ei sind simultane Schöpfungen. Alle Entweder-oder-Fragen müssen auf diese
Weise beantwortet werden, sonst ist die Antwort falsch.
Man kann die höchste Wirklichkeit nicht mit einem dua-
listischen Bezugsrahmen erfassen, denn sie umfaßt die innere, subjektive Realität, und die äußere, objektive Realität sowie das Wechselspiel zwischen beiden. Sie schließt
alle Gegensätze ein.

Die höchste Wirklichkeit ist eine Schöpfung, die absoluter Akzeptanz, absoluter Hingabe, absoluter, alles um-
fassender Liebe entspringt. Nichts ist von ihr getrennt.
Selbst wenn ein Baum entwurzelt und mit den Wasser-
massen stromabwärts getrieben wird, ist das keine Tragödie. Denn es gibt keine Trennung zwischen dem Baum
und dem Strom.

Im Gegensatz zum Fluß der höchsten Realität steht der
Widerstand, der verschiedenste Umstände hervorruft.
Unterscheidungen, Vergleiche und Wertungen kommen
ins Spiel und der natürliche Fluß wird unterbrochen. Die
höhere Realität sagt stets „ja". Das ist ihre Natur. Sie steht
mit einem natürlichen Überschwang, einer natürlichen
Begeisterung in Verbindung. Sie akzeptiert alles, schließt

alles ein. Sie ist das Glück an sich, weil sie in allem und jedem sich selbst erkennt.

Der Widerstand sagt immer „nein". Seine Natur ist Kampf und Konflikt. Da er sich gegen alles und jedes stellt, ist er das Unglück an sich.

Wo es keinen Widerstand gibt, gibt es kein Unglücklichsein. Unglücklichsein ist immer gleichbedeutend mit dem Widerstand gegen bestimmte Umstände und Bedingungen. Seine Basis ist die Interpretation für oder gegen etwas. Die Wurzel des Unglücks ist Anhaftung.

Ich fordere dich nun nicht auf, alles aufzugeben, woran du hängst. Das, mein Freund, ist kein realistisches Ziel. Ich bitte dich einfach nur, dir deiner Anhaftungen, deiner Sichtweise, deiner Interpretationen bewußt zu werden. Ich bitte dich einfach zu erkennen, wie du dein Glück an Bedingungen geknüpft hast.

Wenn du verstehen willst, was Bedingungslosigkeit ist, schau dir den im Wind tanzenden Baum an. Er ist das beste Beispiel, das du finden kannst. Der Baum hat tiefreichende Wurzeln und ausladende Äste. Er ist unten fest verwurzelt und oben ganz beweglich. Er ist ein Symbol für Kraft und Hingabe. Du kannst die gleiche Charakterstärke entwickeln, indem du auf alle Situationen in deinem Leben flexibel reagierst. Steh aufrecht und sei im gegenwärtigen Moment verwurzelt. Wisse um deine Bedürfnisse, aber laß zu, daß das Leben sie auf seine Weise erfüllt. Bestehe nicht darauf, daß deine Bedürfnisse auf eine bestimmte Weise erfüllt werden. Wenn du das tust, bietest du unnötigen Widerstand. Der Stamm des Baumes zerbricht, wenn er versucht, sich dem Wind entgegenzustellen.

Bewege dich mit dem Wind. Dein Leben ist ein Tanz. Es ist weder gut noch schlecht. Es ist eine Bewegung, ein Kontinuum. Du hast eine einfache Wahl zu treffen: Du kannst tanzen oder nicht. Deine Entscheidung, nicht zu tanzen, bedeutet nicht, daß du dich nicht mehr auf der Tanzfläche befindest. Der Tanz wird um dich herum fortgesetzt.

Der Tanz wird weitergehen, und du bist Teil davon. Darin liegt eine natürliche Würde. Ich sage dir: „Freu dich einfach über die Gnade, am Leben zu sein." Wenn du nach einem höheren Sinn des Lebens suchst, wirst du enttäuscht werden. Über den Tanz hinaus gibt es keinen Sinn.

Alle Bedingungen öffnen sich von selbst für das Bedingungslose. Sei einfach offen und präsent, und du wirst in Gottes Arme fallen. Leiste aber nur einen Augenblick Widerstand, und du wirst dich in einem unnötigen Durcheinander verstricken, das du selbst geschaffen hast. Die Menschen können nicht frei von der konditionierten Realität sein, weil die konditionierte Realität eine Schöpfung des menschlichen Bewußtseins ist. Gebt den Versuch auf, vor euren eigenen Schöpfungen zu fliehen. Akzeptiert sie einfach, wie der Baum den Wind akzeptiert. Eure Würde liegt darin, ganz menschlich zu werden, ganz empfänglich für eure eigenen Bedürfnisse und die anderer. Mitgefühl entsteht nicht dadurch, daß ihr euch vom Spektrum der emotionalen Erfahrungen abschneidet, sondern dadurch, daß ihr voll und ganz daran teilhabt.

Manche bezeichnen diese Welt als Jammertal, als einen Ort des Leidens. Das ist absurd. Diese Welt ist weder ein Ort der Freude noch ein Ort des Leidens, man kann jedoch sagen, daß sie beides gleichzeitig ist. Diese Welt ist der Geburtsort des emotionalen und des mentalen Körpers. Die physische Geburt und der physische Tod erleichtern die Entwicklung eines denkenden und fühlenden Bewußtseins, das für seine eigenen Schöpfungen verantwortlich ist.

Es wäre absurd, die Bedeutung dieses Geburtsprozesses zu leugnen, aber es ist ebenso absurd, ihn zu glorifizieren. Es befindet sich kein menschliches Wesen auf dieser Reise durch die physische Existenz, das nicht sowohl Freude als auch Schmerz erfährt. Sind beide notwendig? Absolut. Ohne Schmerz würde die Mutter das Kind nicht aus dem Geburtskanal hinaustreiben. Und ohne die Freude über das neugeborene Leben hätte der Schmerz keinen Sinn. Aber sage nicht „Dies ist ein Ort des Schmerzes" oder „Dies ist ein Ort der Freude". Versuche nicht, deine Erfahrung zu etwas zu machen, was sie nicht ist. Verzichte auf Interpretationen, die dich nur ein Ende des Spektrums gutheißen lassen.

Meine Erfahrung auf dieser Erde war keineswegs anders als deine. Ich habe den Schmerz nicht besiegt. Ich habe mich ihm ergeben. Ich habe den Tod nicht überwunden, ich bin bereitwillig hindurchgegangen. Ich habe den Körper weder verherrlicht noch verdammt. Ich habe diese Welt weder Himmel noch Hölle genannt, sondern gelehrt, daß ihr beide selbst erschafft. Ich begann wie ihr, am Tanz des Lebens teilzunehmen, um zu wachsen und zu lernen, um von der mit Bedingungen verknüpften Liebe zur Erfahrung bedingungsloser Liebe zu gelangen. Es gibt nichts, das du, lieber Bruder, liebe Schwester, gefühlt oder erfahren hast, was ich nicht auch gekostet habe. Ich kenne jedes Verlangen und jede Angst, denn ich habe sie alle durchlebt. Und ich wurde nicht durch höhere Fügung davon erlöst.

Wie du siehst, bin ich kein besserer Tänzer als du. Ich habe einfach nur meine Bereitschaft gezeigt, teilzunehmen und zu lernen. Nicht mehr und nicht weniger verlange ich auch von dir. Sei bereit. Nimm teil. Berühre und laß dich berühren. Öffne deine Arme für das Leben und laß zu, daß es dein Herz berührt. Deshalb bist du hier.

Wenn sich das Herz öffnet, ist es von Liebe erfüllt. Und seine Fähigkeit, zu geben und zu empfangen, ist nicht länger von äußeren Umständen abhängig. Es gibt, ohne daran zu denken, etwas zurückzubekommen, weil Geben das größte Geschenk ist. Und es empfängt, nicht allein für sich selbst, sondern, damit auch andere an diesem Geschenk teilhaben können.

Die Gesetze dieser Welt gelten nicht mehr für den Mann oder die Frau, deren Herz offen ist. Und so geschehen Wunder. Nicht aufgrund irgendwelcher besonderer Aktivitäten, sondern einfach weil die Liebesschwingung sich ausdehnt. Wunder entspringen nicht dem linearen, folgerichtigen Denken. Man kann sie nicht planen. Man kann nicht lernen, sie zu produzieren oder zu empfangen. Wunder zeigen sich spontan dem Herzen, das sich geöffnet, und dem Geist, der sein Bedürfnis nach Kontrolle oder Wissen aufgegeben hat.

Denn der Geist Gottes ist unschuldig und bedingungslos gebend. Er kann dir seine Gaben nicht vorenthalten, weil du ein Teil von ihm bist. Er kennt dich nicht als getrenntes Wesen. Er betrachtet dich mit beständiger Liebe und Zuneigung, so wie Eltern ihr einziges Kind betrachten.

„Streck deine Hand aus, und nimm diese Geschenke entgegen", ruft er dir zu. Aber du achtest nicht auf seinen Ruf. In deiner Frustration hörst du die göttliche Stimme nicht, die dich immerfort ruft. Während du mit kritischem Blick deine Lebensumstände betrachtest und etwas an ihnen auszusetzen findest, bist du dir nicht bewußt, daß du von der bedingungslosen Liebe Gottes umgeben bist.

Doch wie weit entfernt von Gott du dich auch fühlen magst, du bist nie weiter als einen Gedanken von Ihm entfernt. Und der Augenblick deiner Erlösung ist dieser

Augenblick. Erinnere dich daran, mein Freund. Jetzt, in diesem Augenblick, hörst du entweder auf die Stimme Gottes oder du bist unnötigerweise in dein eigenes Psychodrama verstrickt. Du bist jetzt, in diesem Moment, entweder glücklich, oder du hast an deinen Lebensumständen etwas auszusetzen. Laß deine Gedanken in dein Bewußtsein dringen und frage dich: „Bin ich mir jetzt, in diesem Augenblick, der bedingungslosen Liebe Gottes bewußt?"

Lautet die Antwort „ja", wirst du die Wärme der göttlichen Gegenwart in deinem Herzen spüren. Und wenn sie „nein" lautet, wird dich dieser bewußte Gedanke an die Gegenwart Gottes erinnern und sie dir näherbringen. Diese einfache Übung funktioniert immer. Versuche es, und sieh selbst.

Indem du lernst, offen für den gegenwärtigen Augenblick zu sein, wirst du dir der Gegenwart Gottes in deinem Innern und in deiner Erfahrungswelt zunehmend bewußt. Deine persönliche Bestimmung wird sich in diesem erweiterten Bewußtsein entfalten, so daß du mehr und mehr erkennst, wie du das Beste für dich und andere tun kannst.

Vor deinen Augen werden Dinge in Erscheinung treten, und ihr Erscheinen wird dich oft verblüffen, aber du wirst nicht werten. Du wirst weder an dir noch an anderen etwas auszusetzen haben. Du wirst lernen, dich der jeweiligen Situation hinzugeben, dein Bestes zu tun und in der Kraft deiner eigenen Hingabe zu ruhen. Du wirst das Ergebnis zunehmend Gott überlassen und wissen, daß dein Geschenk stets akzeptabel ist, so wie es ist. Es ist immer genug.

Damit wird die Zeit der Selbstkreuzigung ein Ende haben, und in deinem Geist wird wieder Frieden einkehren. Dann wirst du mich sehen, wie ich wirklich bin,

denn dann hast du den Christus in deinem eigenen Innern geboren. Ich erwarte diesen Moment mit großer
Freude und Gewißheit, denn es ist der Augenblick der
Wahrheit. Das ist das Ende jeglicher Trennung, das Ende
aller Leiden.

Die Herrlichkeit Gottes in dir

Gott ist nichts Abstraktes, sondern eine lebendige Präsenz, grenzenlos gut, gebend, glücklich und frei. Ich weiß,
daß es dir schwerfällt, dir das vorzustellen. Aber ich bitte
dich, dein Bewußtsein auszudehnen. Laß die Einschränkungen los, mit denen du das Mögliche begrenzt. Gott
befindet sich jenseits dieser Grenzen, denn Er hat keine
Form. Da Er formlos ist, wohnt Er allen Dingen inne. Es
gibt keinen Ort, an dem Er nicht gegenwärtig ist.

Gott ist weder männlich noch weiblich, denn Er hat
keinen Körper und daher auch kein Geschlecht. Wenn wir
von Gott sprechen, sagen wir oft, „Er", weil Er in der Beziehung zu uns männlich ist. Wir sind der Schoß, der Seinen Geist beherbergt, nährt und hervorbringt.

Doch obwohl wir eine Beziehung zu Ihm haben, wie
die Braut zum Bräutigam, entspricht Gott keinem masku-
linen Bild. Er ist weder Krieger, noch Schamane, noch Ret-
ter. Er ist nicht der weise alte Mann mit dem weißen Bart
und auch nicht die weise Frau. All diese Bilder sind an-
thropomorphisch, sie vermenschlichen Gott.

Gott ist eine liebende Präsenz, die alle positiven männ-
lichen und weiblichen Qualitäten in sich vereint. Er ist
sowohl nährend als auch schützend. Er ist sowohl sanft
und freundlich als auch stark und bestimmt.

Gott besitzt die Weisheit des weisen Alten und die Unschuld des kleinen Kindes, die Stärke des Kriegers und
die Sensibilität der jungen Mutter. Er ist all das und mehr.

Er entzieht sich jeglicher Definition. Er kann nicht auf
die Vorstellungen reduziert werden, die wir von ihm ha-

ben. Sein Geist durchdringt als unbegrenzte Präsenz unser Bewußtsein und unsere Erfahrungswelt. Wir beziehen unsere innerste Substanz aus dieser Präsenz. Sie ist unser eigentliches Wesen, obwohl wir uns nur selten unserer innersten Substanz bewußt sind.

Der göttliche Geist oder die spirituelle Essenz wird nicht geboren und stirbt nicht. Sie existiert vor der physischen Geburt und nach dem physischen Tod. Diese Essenz wird vom Auf und Ab der mentalen und emotionalen Erfahrungen nicht berührt. Es ist eine stetige, liebende Präsenz, zu der wir zurückkehren, nachdem wir aufgehört haben, uns selbst zu kreuzigen oder andere anzugreifen.

Die spirituelle Essenz in dir unterscheidet sich nicht von der spirituellen Essenz in deinem Bruder oder deiner Schwester. Es ist eine einzige Essenz, ein einziger Geist. Eure Körper scheinen euch voneinander zu trennen, aber die spirituelle Essenz vereint euch. Vielleicht scheiden sich eure Geister, verurteilt ihr euch und greift euch gegenseitig an, aber der göttliche Geist umfaßt alle Bewußtseinsströme in reiner Harmonie.

Wenn du dich mit dem Körper oder mit trennenden Gedanken identifizierst, vergißt du deine spirituelle Essenz. Du vergißt, wer du bist. Du glaubst, du seist von deinem Nächsten getrennt. Du glaubst, du seist von Gott getrennt. Andernfalls könntest du weder urteilen noch angreifen. Wenn du dich an deine Essenz erinnerst, erinnerst du dich auch an deine spirituelle Verbindung mit allen Wesen. Du kannst nicht mehr angreifen, wenn du dich daran erinnerst, wer du bist.

Du kannst die Herrlichkeit Gottes nicht kennen, solange du das göttliche Wesen in deinem Innern nicht würdigst. Das hat nichts mit deinem Geschlecht, deiner Rasse, deiner wirtschaftlichen Situation, deiner Nationalität oder deiner Religion zu tun. Es hat nichts mit deiner Vorstellung von dir oder der Vorstellung, die andere von dir haben, zu tun.

Das göttliche Wesen in dir ist ganz und gar liebenswert und liebevoll. Wenn du mit deinem innersten Wesen in Kontakt bist, weißt du, daß du so, wie du bist, vollkommen in Ordnung bist. Du weißt, daß nichts an dir verbessert oder in Ordnung gebracht werden muß. Das Erkennen deines göttlichen Wesens setzt voraus, daß du aufhörst, dich selbst zu verurteilen und zu kritisieren. Es setzt voraus, daß du aufhörst, an deinem Bruder oder deiner Schwester Kritik zu üben.

Je mehr du in der Lage bist, in diesem Zustand zu verweilen, desto leichter wird dein Leben. Deshalb empfehlen so viele spirituelle Schulen die regelmäßige Meditation oder das Gebet. Die Kommunikation mit Gott ist gut für die Nerven. Sie ist wichtig für dein allgemeines Wohlbefinden auf der physischen, emotionalen und mentalen Ebene. Ich fordere dich nicht auf, eine Stunde pro Tag zu beten oder zu meditieren, obwohl dagegen nichts einzuwenden ist. Ich bitte dich lediglich, dich jede Stunde fünf Minuten lang an dein göttliches Wesen zu erinnern oder ihm einen von zehn Gedanken zu widmen. Laß die Erinnerung an Gott zu einer kontinuierlichen Praxis werden, damit du dich nicht in der Seifenoper deines Lebens verlierst. Wenn du willst, kannst du neun Gedanken darauf verwenden, wie du dich selbst oder jemand anderen in Ordnung bringen kannst, aber widme den zehnten Gedanken dem, was nicht in Ordnung gebracht werden muß. Widme den zehnten Gedanken einer Sache, die absolut akzeptabel oder einem Menschen, der absolut liebenswert ist.

Aus diesem Grund wurde der Sabbat eingeführt. Sechs Tage lang konnte man sich im Drama des Lebenskampfes verlieren, aber am siebten Tag hatte man sich an Gott zu erinnern. Der siebte Tag sollte ein Ruhetag sein, an dem man sich nach innen wandte.

Laß die Weisheit des Sabbat in dein tägliches Leben einfließen. Dann kommst du nicht in Gefahr, für längere Zeit zu vergessen, wer du bist oder wer deine Mitmenschen sind. Beginne mit diesem Ritual des Erinnerns, und du wirst sehen, daß deine Tage, Stunden und Minuten eine andere Qualität bekommen. Wenn du ißt, wird Gott an deinem Tisch sitzen. Wenn du mit deinem Nächsten sprichst, wird Gott dich daran erinnern, etwas Aufbauendes zu ihm zu sagen. Und wenn du all das vergißt und deine Frau oder deinen Mann anschreist, wird Gott dich sanft berühren und mit einem Lächeln zu dir sagen: „Willkommen in der Seifenoper." Und du wirst lernen, über dich selbst zu lachen und dein selbstinszeniertes Drama nicht mehr so ernst nehmen.

All das ist ein Spiel, bei dem es um das Erinnern geht. Wenn du das erst einmal erkannt hast, wird sich deine Einstellung zu Ritualen grundlegend verändern. Und dann kannst du ein Ritual wählen, das dir hilft, dich zu erinnern. Es spielt keine Rolle, welche Form du wählst. Glücklicherweise gibt es so viele verschiedene Formen, daß jeder für sich die geeignete finden kann.

Toleriere die Form, die dein Nächster gewählt hat, selbst wenn sie erheblich von der deinen abweicht. Wisse, daß das, was ihm hilft, sich zu erinnern, auch dir nur helfen kann. Streitet nicht über diese formalen Unterschiede, sie sind ganz und gar nebensächlich.

Nichts frustriert mich mehr als sinnlose Streitereien über die äußere Form. Alle trennenden Worte und Glaubensmuster sollten beiseite geschoben werden. Wenn du den Weg der Gnade beschreiten willst, mußt du über die Unterschiede hinwegsehen und dich auf das konzentrieren, was euch verbindet.

Die Wahrheit begegnet dir in allen möglichen Ausdrucksformen, aber sie bleibt immer eine einfache Wahrheit. Du mußt lernen, die Wahrheit in jeder Form und in jeder Situation zu erkennen. Das muß ein Mann oder eine Frau des Friedens tun.

Für euch beginnt nun eine Zeit, in der die kulturellen und religiösen Grenzen überwunden werden. Menschen, die verschiedene Sprachen sprechen, werden lernen, einander zu verstehen. Die Toleranz im Hinblick auf Verschiedenheit und Vielfalt wird zum Erkennen universeller Werte führen, die von allen angenommen werden können. Diese Zeit ist von großer Bedeutung. Jeder von euch spielt eine wichtige Rolle beim Abbau der Grenzen, die den Frieden verhindern.

Deshalb ermutige ich euch, jenen Ort in eurem Innern zu suchen, an dem ihr euch heil und ganz fühlt. Von dort aus werdet ihr alle Menschen annehmen, die in euer Leben treten. Von diesem Ort des inneren Friedens aus werdet ihr Frieden stiften zwischen Frauen und Männern. Dies ist meine Lehre. Dies habe ich von jeher gelehrt.

Andere Dimensionen

Eure Dimension ist nicht die einzige Erfahrungswelt. Es gibt noch viele andere Klassenzimmer und in jedem wird an einem anderen Lehrplan gearbeitet.

Das Hauptfach, das in eurer Klasse gelehrt wird, heißt „Gleicheit." Ihr seid hier, um zu lernen, daß alle Wesen, ungeachtet ihrer äußeren Lebensumstände, gleich sind. Männer und Frauen, Schwarze und Weiße, Hindus und Katholiken sind gleich in ihrem existenziellen Wert. Jegliche Ungleichheit wurde von euch selbst geschaffen und muß wieder aufgehoben werden. Viele von euch sind schon seit langem mit dieser Aufgabe beschäftigt. Ich sage euch nicht, wie lange! Ihr wart sehr erfinderisch darin, eure wahre spirituelle Gleichheit mit anderen Menschen zu vertuschen. Manche von euch leben in Armut, während andere ungeheuren Reichtum angehäuft haben. Manche haben zuviel zu Essen, andere nicht genug. Ihr müßt verstehen, daß diese ungleichen Bedingungen nicht mehr existieren würden, hättet ihr euren Lehrstoff schon bewältigt. Ihr seid hier, um das tiefverwurzelte Glaubensmuster zu überwinden, daß einige von euch mehr wert sind als andere.

Wie du das erreichen kannst? Erstens mußt du den Grundsatz der Gleichheit auf dich selbst anwenden. Solange du dich irgendeinem anderen menschlichen Wesen überlegen oder unterlegen fühlst, hast du die Wahrheit über deine spirituelle Identität noch nicht akzeptiert.

Zweitens mußt du akzeptieren, daß dieser Grundsatz der Gleichheit auch für alle anderen Menschen gilt. Ihre

Gleichheit zu akzeptieren heißt, bereit zu sein, mit ihnen zu teilen, wenn du mehr hast als sie, aber auch bereit zu sein, sie um Hilfe zu bitten, wenn du weniger hast.

Du bist außerdem hier, um zu lernen, das Recht eines jeden Menschen auf seine eigenen Entscheidungen zu respektieren. Wenn du für einen anderen Menschen Entscheidungen triffst oder einen anderen für dich entscheiden läßt, hast du eure Gleichheit nicht akzeptiert.

Diese Mißachtung des anderen scheint dir den Freibrief zu geben, deinen Nächsten für die Entscheidungen verantwortlich zu machen, die du triffst oder zu treffen dich weigerst. Aber dieser Freibrief ist unecht. Über kurz oder lang wirst du erkennen, daß du nur einen Menschen verletzen oder heilen kannst: dich selbst.

Solange du nicht gelernt hast, Verantwortung für deine Entscheidungen zu übernehmen und deinem Nächsten Raum zu geben, das gleiche zu tun, wirst du die Wahrheit über dich selbst und deinen Nächsten nicht erfassen.

Das scheint eine sehr einfache Angelegenheit zu sein. Doch die Anwendung des Grundsatzes der Gleichheit ist eine äußerst tiefgehende Praxis. Sie kann deine Welt transformieren und dir helfen, das Klassenziel gemeinsam mit all deinen Brüdern und Schwestern zu erreichen. Wenn du deinen Körper verläßt, geht der Unterricht in einem nicht-physischen Klassenzimmer weiter. Dort ist der Lernprozeß beschleunigt, weil die schöpferische Wirkung der Gedanken nicht durch Zeit und Raum beeinflußt wird.

In deiner Welt dauert es eine gewisse Zeit, bis Gedanken in sichtbare Wirkungen umgesetzt werden. In nicht-physischen Dimensionen läuft der Umsetzungsprozeß automatisch ab. Wenn du beispielsweise denkst „ich möchte meinen Freund Robert besuchen", wirst du unmittelbar in Roberts Wohnzimmer transportiert. Deine

Reise hat keine Zeit gekostet und du hast keinen Raum durchquert.

Einige von euch haben bereits mit Wesen in nicht-physischen Dimensionen kommuniziert. Eine solche Kommunikation findet natürlich auf einer rein gedanklichen Ebene statt. Inter-dimensionale Kommunikation ist schwierig, aber nicht unmöglich. Mit einiger Übung wird es euch gelingen, eure Kommunikationsfähigkeit über eure begrenzte Raum/Zeit-Welt hinaus auszudehnen.

Da in den nicht-physischen Klassenzimmern alle Lernprozesse schneller ablaufen, erlangen viele Wesen, die ihren Körper verlassen, Meisterschaft über ihre Gedanken, erwerben also die Fähigkeit, ihre Gedanken zu kontrollieren. Deshalb vertrauen sie darauf, daß sie beim Wiedereintreten in die physische Welt ihre Meisterschaft auf diesem Gebiet demonstrieren können. Doch im dichten physischen Umfeld gelingt dies von den Millionen Wesen, die es versuchen, nur einigen wenigen.

Das ist nicht schwer zu verstehen. Eure Wissenschaft lehrt euch, daß ihr bei Verlassen des Magnetfeldes der Erde praktisch schwerelos werdet und athletische Kunststücke vollbringen könnt, die euch auf der Erde unmöglich wären. Weiterhin lehrt euch eure Wissenschaft, daß sich beim Verlassen der dichten Erdatmosphäre der Alterungsprozeß verlangsamt. Viele der auf der Erde geltenden Naturgesetze haben keine Gültigkeit mehr, wenn man sich aus dem Erdumfeld entfernt.

Beim Verlassen des physischen Körpers tritt ein ähnliches Phänomen in Erscheinung. Du erfährst eine schöpferische Freiheit, die auf der Erde undenkbar wäre, außer vielleicht im Traumzustand, in welchem deine Aufmerksamkeit nach innen gerichtet ist und deine körperlichen Prozesse verlangsamt sind. Der Traumzustand ist ein gutes Beispiel für die Bewußtseinserweiterung, die stattfindet, wenn man den Körper verläßt.

In deinen Träumen erschaffst du deine Realität ziemlich unbekümmert und rücksichtslos. Du tötest und wirst getötet, hast Sex mit allen möglichen Leuten, begegnest unglaublichen Gefahren und entkommst auf wunderbare Weise. Wenige von euch würden im Wachzustand versuchen, die Dinge zu tun, die sie im Traumzustand tun. Die Erfahrungen auf der nichtphysischen Ebene sind sogar noch dramatischer als die des Traumzustandes, denn die kreativen Möglichkeiten sind dort unbegrenzt.

Die irdische Schule ist das Umfeld, in dem du jene Fähigkeiten erprobst, die du in den mit der Erde verbundenen nichtphysischen Klassenzimmern erworben hast. Und in dieser irdischen Schule kannst du die Abschlußprüfung erst bestehen, wenn du gezeigt hast, daß du den Lehrstoff beherrschst. Alle Wesen wissen das, und deshalb wollen sich alle wieder in physischen Körpern inkarnieren, um zu beweisen, daß sie ihre Lektionen gelernt haben. Warum aber bereitet ihnen das so viele Schwierigkeiten? Erinnern wir uns an das Beispiel mit der Schwerkraft. In einem Umfeld, in dem keinerlei Schwerkraft herrscht, fällt es einem Athleten nicht schwer, fünf Meter hoch zu springen. Er kann buchstäblich durch die Luft fliegen. Doch auf der Erde kann er höchstens zwei bis zweieinhalb Meter hoch springen und würde nicht einmal einen Gedanken daran verschwenden, fliegen zu wollen.

Die in der Dichte der irdischen Atmosphäre vorherrschenden Bedingungen sind nicht leicht zu meistern. Auch die physische Entwicklung braucht ihre Zeit. Dein irdisches Leben beginnt im Leib deiner Mutter; du bist absolut abhängig von ihr. Und wenn du dann geboren wirst, bist du auf der physischen Ebene vollkommen hilflos. Du mußt erst lernen, allein zu essen, zu gehen, zu sprechen und deine Umgebung zu beeinflussen. Blicken wir doch den Tatsachen ins Gesicht: Für jemanden, der noch vor kurzem seine Erfahrungen in einer nichtphysischen Umgebung machte, in welcher die Gedanken unmittelbare Wirkungen zeitigen, ist das die reine Folter. Wenn das Bewußtsein in die Dimension der Zeit eintritt, zieht es sich zusammen und konzentriert sich darauf, sich mehr mit dem physischen Körper zu verbinden, wobei es gleichzeitig Wahrnehmungskanäle zu anderen Dimensionen mit ihren kreativen Möglichkeiten verschließt.

Einfach ausgedrückt wird das Bewußtsein von der Dichte des physischen Umfeldes aufgesogen. Und dort fühlt es sich gefangen, fühlt sich als Opfer. Es erinnert sich nicht an seinen grenzenlosen Seinszustand. Es erinnert sich nicht daran, daß es nicht der Körper ist.

In sehr seltenen Fällen zieht sich das Bewußtsein nicht vollständig zusammen, wenn es das physische Klassenzimmer betritt. Diese Menschen leben in einem Körper, bewahren sich aber dennoch die Erinnerung an die nichtphysische Dimension. Sie wissen, daß sie nicht auf ihren Körper beschränkt sind. Sie wissen, daß sie nicht das Opfer der Gedanken und Handlungen anderer Menschen sind. Sie wissen, daß sie ihre Realität kraft ihrer Gedanken selbst erschaffen können.

Solche Menschen sind spirituelle Meister oder Lehrer. Ich war einer von vielen solcher Lehrer, die sich auf der physischen Ebene inkarnieren, um ihren Brüdern und Schwestern zu helfen, sich an ihre wahre, nichtphysische Identität zu erinnern. Ohne die Präsenz solcher Lehrer würde die Dichte des irdischen Umfeldes das kollektive Bewußtsein völlig überschatten und die Verbindung zu spirituellem Wissen größtenteils blockieren. Und es gab im Lauf der menschlichen Geschichte in der Tat Zeiten, in denen sehr viel Dunkelheit auf der Erde herrschte. Ihr selbst nennt eines dieser Zeitalter das frühe oder „finstere" Mittelalter. Ein weiteres dunkles Zeitalter, das eurer Erfahrungt näherliegt, herrschte in den ersten beiden Dritteln des zwanzigsten Jahrhunderts.

Die heutige Zeit, in der ihr im physischen Klassenzimmer eure Lektionen lernt, ist eine Zeit des Übergangs. Technologisch habt ihr eine Stufe erreicht, auf der ihr eure physische Umgebung zigfach zerstören könntet. Aber es gibt heute auch mehr Licht auf eurem Planeten als je zuvor in der Geschichte der Menschheit.

Wenn das wahr ist, so fragt ihr euch vielleicht, warum ich im Moment nicht in physischer Form unter euch weile. Viele von euch erwarten meine Rückkehr in menschlicher Gestalt, aber das wird nicht der Fall sein. Meine Arbeit hier ist fast beendet, und meine physische Präsenz würde die Transformation, vor der ihr gerade steht, nur verzögern.

Inzwischen ist wohl den meisten von euch klar, welcher Art diese Transformation sein wird. Ihr seid hier, um endlich euer Opferdasein zu überwinden. Ihr seid hier, um eure Schöpferkraft zu akzeptieren, mit der ihr eure eigene Realität erschaffen und eurem Nächsten helfen könnt, seine eigenen kreativen Kräfte zu erkennen und anzunehmen. Ihr seid hier, um das im großen Stil zu tun. Und ich bin hier, um euch dabei zu unterstützen. Durch eure nichtphysische Verbindung zu mir und anderen Lehrern lernt ihr, all das loszulassen, was euer Leiden verstärkt, und ihr werdet zu eurer eigenen Göttlichkeit erwachen.

Ich brauche die Hilfe jedes einzelnen von euch, um meine Mission auf dieser Erde zu erfüllen. Ihr seid diejenigen, durch die sich meine Lehre in jedem Augenblick offenbart. Und deshalb kann der Schwerpunkt nicht länger auf Worten liegen, denn Worte trennen die Menschen.

Der Schwerpunkt muß sich auf die aktive Demonstration der Prinzipien von Liebe und Vergebung verlagern.

Euer individuelles und kollektives Einschwingen auf die nichtphysische Realität ist ein wesentlicher Schritt im planetarischen Transformationsprozeß. Wäre ich in einem physischen Körper unter euch, würde sich die Kreuzigungserfahrung wiederholen. Wenn ihr euch umschaut, werdet ihr erkennen, daß diejenigen, die den Status quo in Frage stellen, weiterhin häufig verleumdet, mißachtet und verfolgt werden. Das kann nur dadurch verhindert werden, daß ihr selbst aufwacht.

Verdamme deinen Nächsten selbst dann nicht, wenn er deine heiligsten Überzeugungen angreift. Denn indem du ihn verdammst, verdammst du mich. Stelle ihn auch nicht auf einen Sockel, selbst wenn du von seiner Makellosigkeit überzeugt bist. Denn niemand ist makellos. Niemand lebt hier, ohne Fehler zu machen.

Auch ich, geliebter Freund, habe viele Fehler gemacht. Ich habe meinem Bruder und meinem Gott den Rücken gekehrt und habe beide beschuldigt, mich im Stich gelassen zu haben. Macht mich nicht zu etwas Besonderem. Macht keinen eurer Mitmenschen zu etwas Besonderem. Ihr macht alle den gleichen Lernprozeß durch.

Lernt, eure Ebenbürtigkeit mit euren Brüdern und Schwestern zu feiern. Denn dadurch bestätigt ihr eure Ebenbürtigkeit mit mir. Und wenn ihr mich als einen Gleichen unter Gleichen betrachtet, wird sich unsere Kommunikation außerordentlich verbessern.

Jedesmal, wenn du deinen Bruder oder deine Schwester in dein Herz hineinläßt, öffnest du auch mir die Tür. Es gibt keinen Bruder und keine Schwester auf dieser Erde, die ich nicht liebe. Denn ich kann sowohl in die Seele des Verbrechers als auch in die seines Opfers sehen. Ich sehe, wie beide nach Liebe und Akzeptanz schreien, und ich werde sie ihnen nicht verweigern. Seid nicht schockiert darüber, daß ich von euch das gleiche fordere, von euch, die ihr meine Hände, meine Füße und meine Stimme in der Welt seid.

Seid geduldig und standhaft, meine Brüder und Schwestern. Unsere Arbeit wird erst beendet sein, wenn es keine Täter und keine Opfer mehr gibt. Unsere Reise wird erst zu Ende sein, wenn wir Gottes Liebe für uns angenommen und diese Liebe jedem gegeben haben, dem wir begegnen. Und zwar ohne Ausnahme. Jeder muß so angenommen werden, wie er ist, damit er seine Angst und den Wunsch nach Vergeltung loslassen kann.

Mit mir zu gehen heißt, Gott und dem Menschen gleichermaßen zu dienen. Du dienst dem Menschen, indem du ihm zeigst, daß Gott sich an ihn erinnert und für ihn da ist. Du bringst ihm Essen und Trinken und Trost in seinem Leiden. Du umarmst ihn und erlaubst ihm, seinen Kopf auf deine Schulter zu legen. Und du ermutigst ihn zum Weinen. Denn er fühlt sich von seinen Eltern, seinen Kindern, seinen Geliebten und von Gott verlassen. Und wenn er weint, wirst du ihn trösten. Denn wie lange ist es her, seit du dich verlassen fühltest und heiße Tränen des Schmerzes und Bedauerns weintest?

Das ist das Wesen der menschlichen Erfahrung. So ist es nur angemessen, daß du Mitgefühl für deinen Bruder hegst. Denn du teilst mit ihm die Erfahrung des Leidens und die der Erlösung. Sobald die Lektionen der Ebenbürtigkeit auf der Erde gelernt und verstanden wurden, wird sich das elektromagnetische Feld der Erde verändern, und die Erde wird einen neuen, glorreicheren Lehrplan hervorbringen. Die Samen für diese Transformation wurden bereits gesät. Deine Aufgabe ist es, sie zu hegen und zu pflegen.

Die Tyrannei der Übereinstimmung

Für das Ego beruht Liebe auf der Grundlage von Übereinstimmung oder Einverständnis. Es kann sich nicht vorstellen, daß Liebe da sein kann, wenn zwei Menschen unterschiedlicher Ansicht sind. Doch solange du nicht die
Freiheit hast, deinem Bruder in jeder beliebigen Situation
zuzustimmen oder nicht, kannst du ihn nicht lieben.
Wirst du ihm beispielsweise beipflichten, wenn er auf
dem Standpunkt beharrt, daß er ein Opfer der Handlungen eines anderen Menschen sei? Natürlich nicht. Selbst
wenn er dich darum bittet, seine Illusion zu unterstützen,
wirst du sagen: „Es tut mir leid, mein Freund. Ich sehe das
anders."

Oder wirst du deiner Schwester deine Unterstützung
versagen, wenn sie ihrer inneren Stimme folgend einen
umstrittenen Standpunkt einnimmt und dich um Beistand bittet? Sie zu unterstützen bedeutet vielleicht, daß
auch du ein Risiko eingehen mußt, aber du wirst ihr deinen Segen nicht verweigern, nur weil ihre Entscheidung
unpopulär ist.

Muß ich dich daran erinnern, daß das Eintreten für die
Wahrheit im allgemeinen nicht populär ist? Es bedeutet
oft, daß man „ja" sagen muß, wenn andere „nein" sagen
würden, oder daß man „nein" sagen muß, wenn andere
„ja" sagen würden.

Viele von euch können sich nicht vorstellen, daß es ein
Akt der Liebe sein kann, „nein" zu sagen. Und doch ist es
sehr einfach, auf liebevolle Weise „nein" zu sagen. Wenn
dein Kind seine Hand auf die heiße Herdplatte legt, sagst

du spontan und bestimmt „nein". Du willst nicht, daß es sich verletzt. Und dann nimmst du es in den Arm und zeigst ihm, wie sehr du es liebst.

Wie oft beobachtest du, daß dein Freund seine Hand auf die Herdplatte legt? Es ist dir einfach nicht möglich, bestimmte Verhaltensweisen zu unterstützen, wohlwissend, daß sie zerstörerisch sind. Und du willst auch nicht, daß deine Freunde solche Verhaltensweisen bei dir unterstützen.

Ein Freund ist jemand, der die Freiheit hat, zuzustimmen oder anderer Meinung zu sein. Eine Freundin wird dir die Wahrheit sagen. Vielleicht nimmt sie die Situation nicht ganz exakt wahr, aber sie hat keine Angst, dir zu sagen, was sie denkt. Ein Freund, eine Freundin, sagt dir die Wahrheit und erinnert dich daran, daß du die Freiheit hast, deine eigene Entscheidung zu treffen.

Das ist Liebe in Aktion. Ein Freund liebt dich, wenn er nein sagt, genauso, wie wenn er ja sagt. Er verweigert dir weder seinen Rat, noch versucht er, dir seine Meinung aufzuzwingen. Ein Freund möchte einfach helfen. Er achtet deine Würde und sagt dir die Wahrheit.

Du kannst kein Freund sein, wenn du nicht bereit bist, die Wahrheit zu sagen. Das bedeutet nicht, daß du Recht hast. Recht haben und ehrlich sein sind nicht unbedingt das gleiche.

Wenn du ehrlich bist, gibst du von deinem gegenwärtigen Bewußtseinsstand aus dein Bestes. Mehr kann niemand von dir erwarten. Ob dein Rat richtig oder falsch ist, ist nebensächlich.

Aber Ehrlichkeit allein genügt nicht. Sie muß mit Demut Hand in Hand gehen. Deine Demut sagt zu deinem Bruder: „Ich sehe diese Angelegenheit so. Vielleicht habe ich Recht, vielleicht auch nicht. Wie siehst du es? Schließlich bist du derjenige, der die Entscheidung treffen muß."

Ein demütiger Mensch weiß, wo seine Grenzen liegen. Er versucht niemals, einem anderen das Recht und die Verantwortung der eigenen Entscheidung zu nehmen. Weil du aber ständig nach Bestätigung suchst, machst du nur selten die Erfahrung bedingungsloser Liebe. Zustimmung ist die absolute Bedingung und deshalb die absolute Co-Abhängigkeit oder Kumpanei. Sie sagt: „Wenn dein Ego und mein Ego einander beipflichten, werde ich dich unterstützen."

Wenn zwei Egos einander beipflichten, solltest du auf der Hut sein. Denn es liegt in der Natur des Egos, zu trennen, zu entzweien, mit anderen Egos zu kämpfen. Wenn also zwei Egos einander beipflichten, kannst du sicher sein, daß sie sich gegen ein weiteres Ego verbünden. Das ist keine echte Übereinstimmung, sondern nur eine vorübergehende Allianz. Sobald der gemeinsame Feind besiegt ist, hat die Allianz ihren Zweck erfüllt und die beiden Egos verfolgen wieder ihre eigenen Interessen.

Es ist also nicht sehr intelligent, über Zustimmung Liebe zu suchen. Das muß unweigerlich in die Enttäuschung führen. Du tätest besser daran, die Liebe auf der Basis der Meinungsverschiedenheit zu suchen.

Du erinnerst dich wahrscheinlich, daß ich dir einst sagte: „Liebe deine Feinde." Ich habe das nicht gesagt, weil ich pervers bin oder dir Schwierigkeiten machen will, sondern, weil es mehrere wichtige Gründe dafür gibt. Zunächst einmal fällt es dir natürlich leicht, deine Freunde zu lieben, denn meistens werden sie dir zustimmen und dich unterstützen. Sie zu lieben fällt dir also nicht schwer. Doch dein Feind stimmt dir nicht zu. Er ist überzeugt davon, daß du Unrecht hast. Er sucht nach deinen Schwachpunkten und setzt alles daran, sie sich zunutze zu machen. Wenn es bei dir einen blinden Fleck gibt, kannst du sicher sein, daß er ihn entdeckt. Kurz, dein Feind ist nicht bereit, dich „mangels Beweisen freizusprechen". Deshalb ist er dein bester Lehrer.

Dein Feind spiegelt dir alles, was du an dir selbst nicht magst. Er zeigt dir genau, wo deine Ängste und Unsicherheiten liegen. Wenn du deinem Feind zuhörst, wirst du genau wissen, in welchen Punkten du dich selbst korrigieren mußt. Nur jemand, der dir solchen Widerstand bietet, kann ein so effektiver Lehrer für dich sein.

Warum sage ich „liebe" deinen Feind? Ich sage das, weil du, wenn du ihn nicht liebst, das Geschenk, das er dir zu geben hat, nicht würdigen wirst.

Niemand kann ohne Verbündete und ohne Gegner durchs Leben gehen. Ein guter Verbündeter ist bereit, dir die Stirn zu bieten, und ein guter Gegner ist der beste Verbündete. Indem du lernst, deine Feinde zu lieben, zeigst du deine Bereitschaft, dir sämtliche dunklen Winkel in deinem eigenen Inneren anzuschauen. Dein Feind ist nichts als ein Spiegel, in den du hineinschaust, bis das wütende Gesicht, das du darin erblickst, allmählich anfängt zurückzulächeln.

Um mit deinen Feinden Frieden schließen zu können, mußt du lernen, die Dinge nicht nur mit deinen eigenen, sondern auch mit ihren Augen zu sehen. Dann wirst du Mitgefühl entwickeln und über die Ebene des Konflikts hinausgehen.

Vergiß nicht – du mußt deinen Feinden nicht zustimmen, um mit ihnen Frieden zu schließen. Aber du mußt lernen, sie zu lieben.

Frieden entsteht nicht durch die Übereinstimmung der Egos, denn Egos können nicht übereinstimmen. Frieden entsteht, wenn Liebe und gegenseitige Achtung vorhanden sind. Wenn Liebe da ist, wird dein Feind wie ein Freund für dich, ein Freund, der keine Angst davor hat, anderer Ansicht zu sein als du. Du verbannst ihn nicht aus deinem Herzen, nur weil er die Dinge anders sieht. Du hörst aufmerksam zu, wenn er dir etwas zu sagen hat. Wenn du deinem Feind auf die gleiche Weise zuhörst, wie du deinem Freund zuhören würdest, dann ist es nicht dein Ego, das zuhört. Dann hört dein spirituelles Selbst seinem spirituellen Selbst zu.

Alle zwischenmenschlichen Konflikte haben eine simple Ursache: Jede Seite degradiert die andere. Jede Seite betrachtet die andere als weniger wert. Solange jede Seite die andere auf diese Weise wahrnimmt, kann nicht einmal über die einfachsten Dinge verhandelt werden. Begegnen sich die Kontrahenten jedoch mit Respekt und Akzeptanz, lassen sich selbst die schwierigsten Probleme lösen.

Wunder geschehen durch Liebe. Die Möglichkeiten eines liebenden Bewußtseins, Lösungen zu finden, sind unbegrenzt. Die Bereitschaft zu lieben – andere als gleichwertig zu betrachten –, ist das Wundermittel, das hinter allen Wundern steckt.

Aus der Vielfalt unterschiedlicher Perspektiven entsteht die eine Perspektive, die alle würdigt. Doch diese Perspektive kann erst erreicht werden, wenn alle gehört wurden. Eure Aufgabe, meine Freunde, ist es, jedem Menschen eine faire Anhörung zu gewähren. Das ist das Wesen der Demokratie, die nicht nur ein geistiges Ideal, sondern ein lebendiger, bewegter, atmender Prozeß ist.

Wenn dieser Prozeß zum Stillstand kommt, wird das Ideal verraten. Doch wenn er stark bleibt – so mühsam und unerquicklich er oft scheinen mag –, wird sich das Ideal unweigerlich manifestieren.

Eine Gesellschaft, die unterschiedliche Perspektiven toleriert, basiert auf der praktischen Demonstration von Liebe und Gleichheit. Diejenigen, die nach Zustimmung suchen, errichten totalitäre Systeme, in welchen individuelle Freiheiten geopfert werden und das Ganze niemals von der Weisheit seiner Teile profitieren kann. Solche Systeme sind unweigerlich dem Untergang geweiht.

Es gehört Mut dazu, anderer Meinung zu sein. Und es gehören Weisheit und Umsicht dazu, eine Atmosphäre der Ebenbürtigkeit aufrechtzuerhalten, in der alle Perspektiven in Betracht gezogen werden können. Der Weg zur Wahrheit war nie ein leichter Weg. Und er war mit Sicherheit nie ein Weg der Zweckdienlichkeit.

Wenn du nach einer zweckdienlichen Lösung für einen Konflikt suchst, versuchst du alle auszuschalten, mit denen du nicht übereinstimmst. Hier besteht das Ziel nicht darin zu lieben, ja, nicht einmal zu verstehen, sondern darin, die Feinde zu vernichten. Dies war das vorherrschende Wertesystem in der gesamten Geschichte dieses Planeten.

Der demokratische Weg ist ein mutiges neues Experiment. Er fordert: „Laßt uns alle Stimmen hören." Er begrüßt die Vielfalt und vertraut auf das grundlegende Gute im einzelnen Menschen. Er fordert dich auf, deine Gegner zu lieben und zu achten und von ihnen zu lernen. Er geht davon aus, daß Herz und Geist des Menschen tief und weit genug sind, um all diese verschiedenen Perspektiven in sich aufzunehmen. In der Tat macht der demokratische Ansatz seinen gesamten Erfolg von deiner Fähigkeit abhängig, verschiedene Sichtweisen in Betracht zu ziehen und deine eigene Meinung, wenn nötig, zu ändern.

Totalitäre und fundamentalistische Ideen sprechen deine Ängste an. Sie entwerfen stets Feindbilder, die es dann zu besiegen gilt. Sie vertreten die Überzeugung, daß es eine gute und eine schlechte Seite gibt. Ihre Weltsicht ist dualistisch und grob vereinfacht ... Der Weg des Mitgefühls, der Weg, den ich lehre, fordert dich heraus, zu lieben und alle Wesen als gleichwertig zu akzeptieren. Und das heißt ausnahmslos alle, denn einen Menschen zu verdammen würde bedeuten, alle zu verdammen. Es ist kein leichter Weg, denn er schließt die Erkenntnis ein, daß deine Bereitschaft, nach diesem Ideal der Gleichheit zu leben, ständig herausgefordert wird. Und du mußt jeder Herausforderung mit ganzem Herzen, mit deiner ganzen Bereitschaft begegnen, wenn du die Wahrheit demonstrieren willst.

Viele Menschen führen meinen Namen unnütz im Munde. Sie schreiben mir urteilende und abwertende Äußerungen zu und benutzen diese, um alle möglichen niederträchtigen Handlungen zu rechtfertigen. Deshalb muß ich euch deutlich sagen: Führt meinen Namen nicht unnütz im Munde. Benutzt meinen Namen nicht, um irgendeinen Mann oder irgendeine Frau zu verurteilen. Ich habe mich niemals auf die Seite eines Bruders gegen einen anderen gestellt. Und ich würde auch euch niemals dazu auffordern.

Ich habe dich dazu aufgefordert, in deinem eigenen Herzen Frieden zu finden. Und ich habe dich aufgefordert, mit all deinen Brüdern und Schwestern Frieden zu schließen. Wie kannst du diese einfache Lehre verdrehen?

Wenn du meine Stimme in deinem Herzen vernommen hast, wirst du wissen, daß du diese Ideen nicht benutzen kannst, um irgendein Urteil oder einen Angriff auf irgendein menschliches Wesen zu rechtfertigen. Bevor du einen anderen verurteilst, schaue zuerst nach innen und frage dich: „Würde ich mich selbst auf diese Weise verurteilen?" Denn jedes Urteil, das du über deinen Nächsten fällst, fällst du auch über dich. Und jedes Urteil, das du über dich selbst fällst, fällst du über mich. Denn ich bin nicht von dir getrennt. So wie du deinen Nächsten behandelst, behandelst du mich. Wir sind untrennbar miteinander verbunden. Wir haben das gleiche Ziel.

Verstehe, mein Freund, daß du Liebe nicht in der Zustimmung finden wirst. Liebe geht tiefer. Indem du lernst, deinen Gegner zu lieben, wirst du die Quelle finden, die jenseits jeglichen Urteilens und jeglicher Angst existiert. In dieser Quelle sind wir alle als Ebenbürtige miteinander vereint, frei, unserer inneren Führung gemäß zu denken und zu handeln.

Ich unterstütze dich in deiner Freiheit zu wählen, selbst wenn du eine andere Wahl triffst, als ich getroffen hätte. Denn ich setze Vertrauen in dich, meine Schwester. Ich setze Vertrauen in Gottes Plan für dein Erwachen. Und ich weiß, daß du niemals einen Fehler machen kannst, der dich von Gottes Liebe oder meiner trennen wird.

Verbrechen und Bestrafung

Wenn Gedanken töten könnten – wieviele von euch wären noch am Leben? Ich möchte dich an folgende Wahrheit erinnern: „Die Samen aller Handlungen liegen in deinen Gedanken." Indem du denkst, „ich kann diesen Menschen nicht ausstehen", greifst du ihn an.

Was als Gedanke beginnt, wird schnell zum Wort. Wenn du diesen Menschen vor anderen verunglimpfst oder hinter seinem Rücken Intrigen schmiedest, greifst du ihn an. Und Worte werden schnell zu Taten. Wenn deine Worte andere anstacheln, die dich in deinem Angriff unterstützen, fühlst du dich vielleicht im Recht, wenn du diesen Mann schlägst oder sogar tötest.

Die Gesellschaft sagt: „Allein der physische Angriff ist verwerflich. Verbale Attacken sind zwar bedauerlich, aber unvermeidbar. Und niemand wäre so töricht zu versuchen, einen Menschen für seine Gedanken zur Rechenschaft zu ziehen." Und so bist du entsetzt, wenn ein Mord geschieht, aber der Gedanke an Mord ist akzeptabel. Jeder von euch hatte schon einmal solche Gedanken. Du bist entsetzt über eine Vergewaltigung oder über sexuellen Mißbrauch, doch der Gedanke daran beunruhigt dich nicht sonderlich.

Erinnere dich daran, daß alles, was du über einen anderen anderen Menschen denkst, sagst oder ihm antust, nur das widerspiegelt, was du über dich selbst denkst. Ein negativer Gedanke über jemand anderen zeigt dir, wie du dich selbst siehst. Wenn du über andere herziehst oder sie verleumdest, weist das auf deine eigenen Gefühle der Scham und emotionalen Verletztheit hin. Physische Gewalt gegenüber einem anderen zeigt deine eigenen Selbstmordtendenzen an. Das ist kein Geheimnis. Nur ein Mensch, der sich verletzt fühlt, schlägt um sich. Und ich frage dich: „Wie viele von euch fühlen sich nicht verletzt? Wie viele von euch greifen andere nicht auf die eine oder andere Weise an?"

Der Unterschied zwischen dir und demjenigen, der vergewaltigt und mordet, ist nicht so groß, wie du glaubst. Ich sage das nicht, damit du dich schlecht fühlst. Ich sage es, um dir zu helfen, aufzuwachen und deine Verantwortung gegenüber deinem Nächsten zu erkennen. Wenn du dir deine eigenen Rachegedanken vergeben kannst, warum kannst du dann nicht dem Menschen vergeben, der aus seinem Wunsch nach Rache heraus handelt? Dieser Mensch lebt nur das aus, was du gedacht hast.

Ich rechtfertige den Akt der Rache nicht. Ich kann keine, wie auch immer geartete Form des Angriffs rechtfertigen, und ich sage hiermit nicht, daß du das tun sollst. Ich frage dich einfach nur, warum du diesen Menschen aus deinem Herzen verbannst. Vielleicht schreit er noch verzweifelter nach Liebe und Vergebung als du selbst. Warum willst du sie ihm versagen?

Dein Nächster wurde tief verletzt. Er wuchs ohne Vater auf. Seit seinem neunten Lebensjahr war er drogensüchtig. Und er lebte in einem Umfeld, in dem er sich niemals sicher fühlen konnte. Spürst du nicht ein wenig Mitgefühl für den verwundeten Jungen in dem Mann, der das Verbrechen begeht? Würdest du dich viel besser verhalten, wenn du in seiner Haut stecken müßtest? Sei ehrlich, mein Freund. Und in dieser Ehrlichkeit wirst du das Mitgefühl finden – wenn nicht für den Mann, dann für den Jungen, der zu diesem Mann wurde.

Und ich sage dir, es ist nicht der Mann, der den Abzugshahn drückt, sondern der Junge. Er ist derjenige, der sich überwältigt fühlt und voller Angst ist. Es ist der Kleine, der sich nicht geliebt und akzeptiert fühlt. Es ist der verletzte Junge, der um sich schlägt, nicht der Mann.

Meine Freunde, da ist kein Mann. Da ist nur der Junge. Laßt euren Blick nicht durch das wütende, abstoßende Gesicht des Mannes trüben. Unter diesem harten Äußeren verbirgt sich ungeheurer Schmerz, ungeheure Selbstverachtung. Hinter der Maske fehlgeleiteter Männlichkeit und gewalttätiger Wut steckt der Junge, der nicht glaubt, daß er liebenswert ist. Wenn du den Jungen in ihm nicht umarmen kannst, wie kannst du dann den Jungen oder das Mädchen in dir selbst umarmen? Denn seine Angst und deine sind nicht so verschieden.

Nimm zunächst einmal deine Maske moralischer Überlegenheit ab. Und dann laß den Jungen oder das Mädchen in dir den Jungen in ihm anschauen. Das ist der Punkt, an dem Liebe und Akzeptanz beginnen. Hier hat die Vergebung ihre Wurzeln. In eurer Gesellschaft gehören Verbrecher zu den Unberührbaren. Ihr wollt euch ihr Leben nicht anschauen. Ihr wollt nichts von ihrem Schmerz hören. Ihr wollt sie wegschließen, damit ihr nichts mit ihnen zu tun haben müßt. Und ihr macht das gleiche mit den Alten, den Geisteskranken, den Obdachlosen und so weiter.

Du siehst, mein Freund, du willst die Verantwortung, deinen Nächsten zu lieben, nicht übernehmen. Doch ohne ihn zu lieben kannst du nicht lernen, dich selbst zu lieben und anzunehmen. Dein Nächster ist der Schlüssel zu deiner Erlösung. Er war es schon immer und wird es immer sein.

So wie das Individuum die negativen Tendenzen, die es in sich selbst nicht akzeptieren will, verleugnet und unterdrückt, verleugnet und institutionalisiert die Gesellschaft die Probleme, mit denen sie sich nicht konfrontieren will. Sowohl das individuelle als auch das kollektive Unbewußte ist von tiefen Wunden übersät. Und sowohl auf der individuellen als auch auf der kollektiven Ebene wird das Verhalten von dem mit diesen Wunden verbundenen, verleugneten Schmerz und der verleugneten Schuld und Angst gesteuert.

Vergebung erhellt diese dunklen und verborgenen Winkel im Selbst und in der Gesellschaft wie ein Scheinwerfer. Sie sagt zu deiner eigenen Schuld und Angst: „Komm heraus und zeige dich. Ich will dich verstehen." Und sie sagt zu dem Verbrecher: „Komm heraus, begegne den Opfern deines Verbrechens, leiste Wiedergutmachung, leite den Heilungsprozeß ein." Das Anerkennen der Existenz der Wunde ist immer der erste Schritt zur Heilung. Wenn ihr auf der individuellen und der kollektiven Ebene nicht bereit seid, die hinter der Wunde steckende Angst zu sehen, kann der Heilungsprozeß nicht beginnen.

Es fällt euch schwer, euren eigenen, unterdrückten Schmerz anzuschauen. Und es fällt der Gesellschaft schwer, den Schmerz ihrer Ausgestoßenen anzuschauen. Doch das ist notwendig. Jeder von euch lebt im Gefängnis der von der Vergangenheit gesteuerten Reaktionen, solange die Wunde nicht bewußt gemacht wird. Nicht nur der Verbrecher lebt hinter Gittern. Die Männer und Frauen, die ihn dorthin gebracht haben, leben hinter anderen Gittern. Wenn ihr eure unbewußten Anteile nicht ans Licht des Bewußtseins holt, werden sie sich auf verzerrte Weise zum Ausdruck bringen. Wenn ihr nicht zusammen mit dem Verbrecher daran arbeitet, Selbstakzeptanz zu entwickeln und zur Liebe zu gelangen, wird er mit der gleichen Wut und Rachsucht in die Gesellschaft zurückkehren.

Der Bau weiterer Gefängnisse oder der verstärkte Einsatz von Polizeipatrouillen wird eure Wohnviertel nicht sicherer machen. Solche Maßnahmen verschärfen die Situation nur, indem sie den Angstpegel erhöhen. Wenn ihr diese Zustände ändern wollt, dann tragt Vergebung in eure Gefängnisse und Wohnviertel. Arbeitet daran. Stellt mehr Lehrer, Therapeuten und Sozialarbeiter ein. Gebt den Leuten zu essen, fordert sie emotional und mental heraus. Ermöglicht ihnen Erfahrungen emotionaler Verbundenheit in einem sicheren Raum. Schafft Ausbildungsplätze für sie. Gebt ihnen Hoffnung. Gebt ihnen Akzeptanz. Gebt ihnen Liebe.

Das ist die Arbeit eines Friedensstifters. Das ist Dienen. Das bedeutet, seinen Nächsten anzunehmen wie sich selbst. Und vergeßt nicht – indem ihr anderen etwas gebt, gebt ihr euch selbst etwas. Niemand gibt Liebe, ohne sie zu empfangen. Niemand gibt ein Geschenk, das er nicht gleichzeitig selbst erhält.

Es ist Zeit, daß ihr aufhört, den Sünder in euch selbst und den Kriminellen in eurer Gesellschaft zu bestrafen. Bestrafung verstärkt nur die Ablehnung. Und das ist das Gegenteil von dem, was gebraucht wird. Gefühle der Ablehnung müssen gemildert werden. Urteile und Angriffe müssen ans Licht des Bewußtseins geholt werden. Schuld und Angst müssen als das gesehen werden, was sie sind.

Die Arbeit der Rehabilitation ist eine der Integration. Das Dunkle muß ans Licht gebracht werden. Alles Unannehmbare muß annehmbar gemacht werden, damit man es ohne Angst anschauen kann. Ihr müßt die Samen eurer Handlungen in eurem Denken entdecken und euch dort damit auseinandersetzen. Ihr könnt euer Handeln nicht ändern, ohne eure Gedanken zu verändern. Wenn ihr bestimmte Gedanken mit einem Tabu belegt, werdet ihr euch fürchten, sie anzuschauen. Das ist nicht konstruktiv. Seid bereit, euch die mörderischen Gedanken in eurer Psyche zu betrachten, damit ihr sie nicht im Unbewußten vergraben müßt.

Helft anderen Menschen, Verantwortung für ihre Gedanken und die Auswirkung ihrer Gedanken zu übernehmen. Persönliche Autorität und echtes Selbstwertgefühl setzen die Erkenntnis voraus, daß du in bezug auf das, was du denkst, sagst und tust, eine Wahl hast. Diejenigen, die um sich schlagen und andere angreifen, haben nicht das Gefühl, daß sie eine Wahl haben. Wer aber weiß, daß er die Wahl hat, greift andere nicht an.

Das ist der Schlüssel. Zeige einem Mann, welche Wahlmöglichkeiten er hat, und er wird keine Verbrechen begehen. Das Begehen eines Verbrechens ist nichts als eine weitere Form der Selbstbestrafung, die unbewußt als Antwort auf unbewußte Schuldgefühle gewählt wird. Der Kriminelle begeht ein Verbrechen, weil er noch immer versucht, sich selbst zu bestrafen. Und die Gesellschaft tut ihm den Gefallen, indem sie ihn bestraft und sein Schuldgefühl verstärkt.

Die einzige Möglichkeit, diesen Teufelskreis zu durchbrechen, besteht darin, daß die Gesellschaft ihre Politik der Ächtung und Bestrafung aufgibt und sich auf die Heilung konzentriert. Jeder verletzte Mensch muß aufgefordert werden, an seiner eigenen Heilung mitzuwirken. Man muß ihm helfen, sich seine Gefühle der Wertlosigkeit und Schuld bewußt zu machen. Und man muß ihn darin unterstützen, diese negativen Gefühle und Glaubenssätze über sich selbst in positive umzuwandeln. Die Aussätzigen eurer Gesellschaft unterscheiden sich nicht von den Aussätzigen zu meiner Zeit. Sie tragen eurer aller Wunden an ihrem Körper. Sie sind tapfere Zeugen für den Schmerz, mit dem ihr nichts zu tun haben wollt. Die Gesellschaft sollte ihnen dankbar sein, denn sie zeigen ihr den Weg. Sie weisen auf den Weg der Heilung hin, den alle Menschen beschreiten müssen.

Macht und Meisterschaft

Um überleben zu können, müßt ihr mit den Naturgesetzen kooperieren. Es gibt jedoch auch noch andere, nicht-physische Gesetze oder geistige Prinzipien, die eure Erfahrungen auf dieser Erde beeinflussen.

So wird beispielsweise eure gedankliche oder geistige Aktivität dadurch angeregt, daß ihr nach außen blickt und euch mit den weltlichen Angelegenheiten befaßt. Richtet der Geist seine Aufmerksamkeit aber nach innen, um sich selbst zu betrachten, verlangsamt sich die Gedankenaktivität und kommt schließlich zum Stillstand. Der Beobachter und das beobachtete Objekt werden eins.

Die Praxis der Selbstbeobachtung ist sehr wirkungsvoll. Sie reißt die Barriere zwischen Subjekt und Objekt nieder und schafft so eine neue Möglichkeit der Nähe. Vergangenheit und Zukunft lösen sich im gegenwärtigen Moment auf, im ewigen „Jetzt", in dem jegliches kreative Potential liegt. Macht existiert als Potential. Sobald sie sich im Außen als Kraft manifestiert, muß sie den Widerstand ihrer Umgebung überwinden. Dadurch wird sie geschwächt. Macht behält ihre größte Intensität, wenn sie im Inneren bewahrt und nicht im Außen demonstriert wird.

Wenn du handelst, bindest du dich an einen bestimmten Handlungsablauf. Es wird dann schwierig, diesen Ablauf zu ändern, vor allem, wenn ein bestimmter Punkt überschritten wurde. Deshalb solltest du, bevor du tatsächlich handelst, die beabsichtigte Handlung geistig in die Situation hineinprojizieren und alle Beteiligten zu

Wort kommen lassen. Laß deine Erwartungen los und höre aufmerksam zu. Deine Fähigkeit, über deine egogebundenen Wahrnehmungen hinauszublicken, wird dir helfen, wichtige und hilfreiche Informationen zu sammeln.

Der denkende Verstand erwartet, daß jede Handlung zu linearen Ergebnissen führt. Doch lineare Ergebnisse sind selten. Sobald eine Kraft auf einen Widerstand trifft, ändert sie ihren Kurs. Sie bewegt sich über das Hindernis hinweg, darunter hindurch oder um es herum. Und so wird sie oft von ihrer ursprünglichen Bahn abgelenkt. Dessen ungeachtet gehen all eure Planungen von linearen Ergebnissen aus. Es ist daher kein Wunder, daß ihr so oft enttäuscht werdet. Da die meisten Entscheidungen auf einer falschen Grundlage getroffen werden, werden wir normalerweise immer wieder mit ihnen konfrontiert. Sie werden durch Schuldgefühle in eine Umlaufbahn gebracht. Schuld ist wie ein Magnetfeld, das jede Entscheidung anfällig macht für permanente Zweifel und Reinterpretationen. Unschuldiges Handeln ist nur möglich, wenn du dich mental in bestimmte Situationen hineinprojizierst und dir das zu erwartende Ergebnis anschaust. Ein Plan, bei dem wir Widerstände und Einwände vorwegnehmen, wird leichter durchzuführen sein, als einer, bei dem wir das nicht tun.

Das ist kein intellektueller Vorgang, auch wenn es sich zunächst so anhört. Es ist ein höchst intuitiver Prozeß, der die Fähigkeit voraussetzt, wirklich zuhören, wirklich lauschen zu können. Man handelt erst, nachdem man um innere Führung gebeten hat.

Unbedachte Handlungen sind selten effektiv. Sie gehen an beiden Enden des Spektrums fehl. Am einen Ende sind sie impulsiv, am anderen übervorsichtig und ohne Spontaneität.

Wenn ich dich frage, wie es sich anfühlen wird, wenn du etwas Bestimmtes zu deinem Freund Hans sagst, kannst du mir auf zwei verschiedene Arten antworten. Du kannst an Hans, deine bisherige Beziehung zu ihm und deine vergangenen Erfahrungen mit ihm denken und die Vergangenheit zur Grundlage deiner Antwort machen. Oder du kannst dich hinsetzen, die Augen schließen, an Hans denken, die betreffenden Worte zu ihm sagen und sehen, wie er reagiert. Mit der zweiten Methode wirst du viel bessere Ergebnisse erzielen als mit der ersten.

Alle Informationen, die du in deinem Leben benötigst, kannst du im gegenwärtigen Augenblick durch eine einfache Untersuchungsmethode erhalten. Diese Methode funktioniert natürlich nur, wenn du von einem neutralen Standpunkt aus um Informationen bitten kannst. Deine Vorlieben würden die empfangene Antwort beeinflussen und verzerren. Um dies zu verhindern, solltest du, bevor du die Frage stellst, aufrichtig zu dir selbst sagen: „Ich schiebe meine Vorlieben und Vorurteile beiseite und öffne mich für eine freie und wahrhaftige Antwort."

Da Denken und Handeln zyklische Prozesse sind, wirst du kontinuierlich mit Lektionen konfrontiert. Diese Lektionen zeigen dir stets die Kluft zwischen dem, was du wünschst und erwartest, und dem, was sich in deinem Leben manifestiert, auf. Du versuchst, diesem Dilemma zu entfliehen, aber du schaffst es nie, weil dieses Dilemma ja notwendig für deinen Lernprozeß ist.

Es ist unvermeidlich, daß du deine Aufmerksamkeit auf Menschen und Dinge außerhalb deiner selbst richtest. Das ist die Welt der „Bedingungen". Sie kann dir nicht geben, was du suchst. Sie kann dir nur widerspiegeln, was du nicht willst. Die Suche nach Glück in dieser Welt ist ein steiniger Weg. Die Welt kann dich nicht glücklich machen. Je schneller du das lernst, desto einfacher werden die Dinge für dich. Wenn du deine Erfahrungen ehrlich betrachtest, wirst du erkennen, daß du den größten Teil deiner Zeit darauf verwendest, gegen bestimmte Situationen Widerstand zu leisten oder zu versuchen, sie zu vermeiden. Je mehr du diese Situationen aber zu vermeiden suchst, desto mehr wirst du damit konfrontiert. Das ist so, weil du durch Vermeidung und Verleugnung nichts lernen kannst.

Nur wenn du der betreffenden Situation ins Auge blickst und anfängst, in der Gegenwart Verantwortung dafür zu übernehmen, beginnst du, intelligent mit ihr umzugehen. Die Konfrontation mit deinen Ängsten ist der erste Schritt zu ihrer Überwindung.

Du glaubst, du seist hier, um viele großartige und wichtige Taten zu vollbringen, aber diese Vorstellung entspringt nur dem Wunsch deines Egos nach Anerkennung. Du bist nicht hier, um etwas zu vollbringen, sondern, um die falschen Vorstellungen und Glaubensmuster aufzulösen, die du über dich selbst und andere hast. Und das kann niemand anders für dich tun. Du hast diese Glaubensmuster angenommen, und du bist auch derjenige, der sie wieder loslassen muß.

Falschheit zurückzuweisen ist keine besonders spektakuläre Sache, sondern ein sehr erdverbundener und klarer Prozeß. Nimm dir ein wenig Zeit, um dir deine Ziele anzuschauen. Wie viele dieser Ziele drehen sich um weltlichen Erfolg? Du wirst sehen, daß es sehr viele sind. Dafür brauchst du dich nicht zu schämen. Erkenne einfach, daß deine Aufmerksamkeit nach außen gerichtet ist. Und erkenne auch, daß das Erreichen all dieser Ziele, selbst wenn es möglich wäre, dich nicht glücklich machen würde. Glück ist nur im gegenwärtigen Augenblick möglich. Wenn du jetzt glücklich bist, gibt es nichts weiter zu erreichen. Wenn du dir Sorgen darüber machst, ob du auch morgen oder in fünf Minuten noch glücklich sein wirst, vergißt du, jetzt glücklich zu sein. All deine Vorstellungen und Träume entfernen dich von deinem gegenwärtigen Glück.

Viele von euch haben wichtige Positionen inne, in denen es darum geht, anderen zu dienen. Und doch seid ihr in diesem Augenblick nicht glücklich. Ich muß euch fragen: Zu welchem Preis wollt ihr anderen dienen?

Glaubt ihr wirklich, ihr könntet andere glücklich machen, wenn ihr selbst besorgt und angespannt seid? Ihr wißt, daß das nicht möglich ist. Ich muß dich fragen, mein Freund, ob du bereit bist, deine „großartigen" Ziele um deines gegenwärtigen Glückes willen aufzugeben. Hast du den Mut, den gegenwärtigen Augenblick zu leben, ohne zu wissen, wohin er dich führen wird?

Du kannst das ganze Chaos, die ganze Verwirrung in deinem Geist und deinen Erfahrungen durch die einfache Entscheidung transzendieren, jetzt, in diesem Moment, vollkommen präsent und aufmerksam zu sein. Das ist die wunderbare Wahrheit.

Wärst du gern frei von allen Konflikten, von allem Leid, allen Selbstzweifeln und Wertungen? Wenn ja, so gib all deine äußeren Ziele, Sorgen und Ablenkungen auf, und sei dir einfach deiner selbst in diesem Augenblick bewußt. Der Prozeß des Erwachens ist nichts Spektakuläres. Menschen, die erwachen, werden keine berühmten spirituellen Lehrer. Sie gründen keine besonderen Organisationen. Meistens leben sie unerkannt, umgeben von einigen wenigen Schülern, die ihre Freiheit und Autorität wahrnehmen.

Von der Welt verehrte Lehrer lehren im allgemeinen auf einer sehr oberflächlichen Ebene. Denn die Welt belohnt greifbare Resultate, und spirituelle Fortschritte sind nun einmal nichts Greifbares.

Ein Mensch, der geistige Meisterschaft erlangt hat, wird von der Gesellschaft nicht geschätzt. Er könnte das mächtigste Wesen auf dieser Erde sein, aber man würde ihn niemals in einer Machtposition finden. Ja, selbst wenn ihm eine solche Position angeboten würde, würde er sie nicht annehmen. Ein solcher Mensch ist nicht an der Manipulation äußerer Ereignisse interessiert. Er stellt dir nur eine einzige Frage: „Bist du jetzt, in diesem Augenblick glücklich?" Lautet die Antwort „ja", dann bist du bereits im Himmel. Antwortest du mit „nein", wird er dich einfach fragen: „Warum nicht?" Du kannst ihm eine dreißig Seiten lange Erklärung über die Ursachen deines Unglücks überreichen, aber er wird einfach wieder fragen: „Warum nicht?" Und früher oder später wirst du erkennen, daß alle Gründe, die du für dein Unglücklichsein anführst, seine Frage nicht beantworten. Denn du hast die Wahl, jetzt, in diesem Moment glücklich zu sein, und nichts anderes als dein eigenes, hartnäckiges Bedürfnis, in der Vergangenheit zu wühlen, hindert dich daran, eine andere Wahl zu treffen. Der Meister kann dich nur fragen: „Warum nicht?" Er kann dir nicht sagen, was du tun oder lassen sollst, denn die Verantwortung, etwas zu tun oder zu lassen, liegt bei dir. Der Meister kann dich nur dazu ermutigen, diese Verantwortung hier und jetzt zu übernehmen. Lehrer, die dir sagen, was du tun oder lassen sollst, verraten damit ihre spirituelle Unreife. Eine weise Lehrerin stellt gute Fragen, aber sie gibt sehr wenige Ratschläge.

Halte die Liebe nicht zurück

Dadurch, daß du einem anderen Menschen die Liebe gibst, die er braucht, verstärkt sich diese Liebe in dir selbst. Enthältst du sie ihm aber vor, so nimmst auch du die Schwingung der Liebe weniger wahr.

Wenn dein Nächster sich unangemessen verhält und deine Aufmerksamkeit fordert, erregt er dein Mißfallen und du wendest dich von ihm ab. Schließlich kannst du seine Bedürfnisse nicht befriedigen. Doch indem du dich von deinem Nächsten abwendest, enthältst du ihm Liebe vor. Und wenn du ihm Liebe vorenthältst, enthältst du sie auch dir selbst vor.

Dein Nächster will nur deine Liebe, aber er weiß nicht, wie er darum bitten soll. Ja, er weiß nicht einmal genau, was Liebe ist. Also fordert er Geld oder Sex oder irgend etwas anderes. Er versucht, dich zu manipulieren, um zu bekommen, was er will. Du möchtest natürlich nicht manipuliert werden. Du willst sein unangemessenes Verhalten nicht dadurch verstärken, daß du seinen Forderungen nachgibst. Aber du willst ihn auch nicht zurückweisen. Was kannst du also tun? Verhalte dich ihm gegenüber liebevoll. Gib ihm die Liebe, die er in Wirklichkeit will. Gib ihm, was du ihm aus freien Stücken geben kannst. Und mach dir keine Sorgen darüber, daß du seine Forderungen nicht erfüllst.

Das bedeutet: Du sagst „ja" dazu, ihn zu lieben, und „nein" dazu, manipuliert zu werden. Du sagst „nein", aber du verbannst ihn nicht aus deinem Herzen. Du verurteilst ihn nicht und wendest dich nicht von ihm ab. Du weigerst dich, ein Opfer oder ein Täter zu sein. Du beantwortest seine angstvollen Gedanken mit Liebe. Du sagst: „Nein, mein Freund, ich kann dir nicht geben, was du von mir forderst, aber ich werde eine Möglichkeit finden, dich auf eine Weise zu unterstützen, von der wir beide profitieren. Ich werde dich nicht zurückweisen, ich werde nicht so tun, als wärst du wertloser als ich. Dein Bedürfnis nach Liebe ist genauso wichtig wie meines, und ich erkenne es an." So spricht der Liebende zur Geliebten. Er sagt nicht: „Ich werde alles tun, was du willst." Er sagt: „Ich werde eine Möglichkeit finden, uns beiden gerecht zu werden." Die Liebende und der Geliebte sind ebenbürtig. Sie sind der wechselseitige Ausdruck der Liebe. Es ist wichtig, daß du das verstehst. Viele von euch glauben, daß sie nicht liebevoll handeln, wenn sie den Forderungen anderer nicht nachkommen. Doch das ist nicht wahr. Sage niemals ja zu den Forderungen eines anderen. Das würde bedeuten, daß du dich selbst nicht liebst. Geh liebevoll mit dir selbst um. Stelle die Bedürfnisse eines anderen Menschen nicht über deine eigenen. Liebe hat nichts mit Aufopfern zu tun. Ich bitte dich, dies zu verstehen.

Manche von euch glauben wiederum, sie müßten „nein" zu allen anderen sagen, um sich vor deren Forderungen zu schützen. Auch das ist nicht wahr. Wenn du zu allen Menschen „nein" sagst, hältst du einfach nur an deiner Angst vor Nähe fest. Es ist eine Angststrategie, andere physisch oder psychisch auf Distanz zu halten. Das hat nichts mit Liebe zu tun. Erkenne, wie du andere in dem Versuch, dich selbst zu behaupten, zurückweist und wie du in dem Versuch, andere über Wasser zu halten, dich selbst zurückweist. Beide Verhaltensweisen sind eine Absage an Authentizität und Intimität. Nur ein authentischer Mensch – einer, der seine eigene Wahrheit anerkennt – ist zu echter Nähe mit anderen fähig. Nur ein mitfühlender Mensch – einer, der die Wahrheit des anderen anerkennt – ist fähig, ganz er selbst zu sein. Du kannst nicht empfangen, wenn du dich nicht so gibst, wie du bist. Und du kannst nicht geben, wenn du andere nicht annimmst, wie sie sind. Kapituliert nicht vor euren gegenseitigen Forderungen. Weigert euch, euch manipulieren zu lassen. Sagt „nein" zu den Übergriffen anderer, und vergebt ihnen dann. Haltet nicht am „Nein" fest. Laßt das „Nein" zum Verhalten des anderen nicht zum „Nein" auf ihre Bitte um Liebe und Unterstützung werden. Vergebt die Übergriffe und seid bereit, aufs neue zu lieben und Unterstützung zu geben.

Übe das, und bleibe im gegenwärtigen Moment. Laß aus deinem „Nein" zur Manipulation ein „Ja" zu Liebe und Beistand werden. Und laß aus deinem „Ja" zu Liebe und Beistand ein „Nein" zur Manipulation werden. Achte dich selbst und andere gleichermaßen. Greife nicht an, sonst wirst du das Opfer sein. Verteidige dich nicht, sonst wirst du der Angreifer sein. Laß zu, daß die Liebe an die Stelle all deiner Verletzungen tritt. Wenn du dich angegriffen fühlst, sag nein zum Angriff, aber greife nicht deinerseits an. Wenn du andere angegriffen hast, werde dir dessen bewußt und leiste Wiedergutmachung. Trage dein Schuldgefühl nicht in den nächsten Angriff hinein. Bringe die Sache sofort in Ordnung. Je mehr Liebe du gibst, desto mehr Liebe wirst du in dein Leben ziehen. Das ist so, weil du durch Lieben in der Schwingung der Liebe bleibst. Durch Geben bleibst du in der Schwingung der Fülle.

Du mußt lernen, ja zu sagen zu dem Bedürfnis anderer nach Liebe und Beistand. Je mehr du das tust, desto weniger wird ihr Verhalten dir gegenüber von Angst bestimmt sein. Wenn du Gewalt auflösen willst, dann mache den Ängstlichen nicht noch mehr angst. Laß sie deine

Liebe und deine Unterstützung spüren. Liebe erlöst. Haß verurteilt.

Du wirst die Macht der Liebe niemals erkennen, solange du nicht beginnst, sie in deinem Leben auszuüben. Verbanne deine Feinde nicht aus deinem Herzen, sondern lerne, sie dort anzunehmen, und sie werden aufhören, deine Feinde zu sein. Kein Mensch will etwas anderes, als geliebt und akzeptiert zu werden. Gib ihm das, und er wird nicht länger voller Angst sein. Gib ihm das, und er wird nicht das Gefühl haben, dich angreifen zu müssen.

Es ist an der Zeit zu verstehen, daß du alles, was du deiner Schwester vorenthältst, dir selbst vorenthältst. Denn sie ist nicht von dir getrennt. Und nur indem du sie in ihrem Wert anerkennst, wirst du in deinem bestätigt.

Meditation über das Gefühl, geliebt zu werden

Wenn dein Bruder dich angreift, erkenne, daß er sich nicht geliebt fühlt. Fühlte er sich geliebt, würde er dich nicht angreifen. Reagiere nicht auf seinen Angriff. Finde eine Möglichkeit, ihn daran zu erinnern, daß er geliebt wird. Tu das immer wieder.

Geh an einem Tag, an dem du dich gut fühlst und fröhlich bist, durch die Straßen deines Wohnortes, und wenn du auf jemanden triffst, der traurig oder wütend ist, finde eine einfache Möglichkeit, ihn daran zu erinnern, daß er geliebt wird. Schenke ihm ein Lächeln, eine Blume, einen Luftballon, ein belegtes Brötchen oder eine Tasse Kaffee. Sing ihm ein Lied vor oder sage ihm ein Gedicht auf. Sage: „Das ist nur für dich. Ich wünsche dir einen schönen Tag." Tu das gleiche an einem Tag, an dem du traurig oder deprimiert bist. Tu es immer wieder. Die Ergebnisse werden dich überraschen. Es gibt nichts Erhebenderes, als Menschen daran zu erinnern, daß sie geliebt werden.

Vergiß nicht – niemand kann Liebe geben, wenn er sich nicht geliebt fühlt. Deshalb besteht deine einzige Verantwortung darin, die Liebe zu fühlen, die in deinem Herzen ist, und anderen zu helfen, sie ebenfalls zu fühlen. Kannst du dir eine Welt vorstellen, in der jeder Mensch versteht, daß seine einzige Verantwortung darin liegt, Liebe zu geben und zu empfangen? Diese Welt, mein Freund, wartet auf dich.

In alle Bereiche deines Lebens, in denen du Mangel empfindest, mußt du Liebe hineinbringen. Immer wenn du denkst, daß du nicht genug bekommst, enthältst du irgend jemand anderem in irgendeinem Bereich Liebe und Unterstützung vor. Halte deine Liebe und Unterstützung nicht zurück. Verschenke sie großzügig, damit auch du die Fülle der Liebe empfangen kannst, die dein Geburtsrecht ist.

Praktiziere diese Meditation, wenn du dich geliebt fühlst, und schau, was geschieht. Praktiziere sie, wenn du dich angegriffen fühlst, und schau, was geschieht. Experimentiere. Spiele damit. Mach dir keine Gedanken darüber, welche Form diese Meditation vielleicht annimmt. Sei einfach bereit, sie zu praktizieren, und die Form wird sich von selbst entfalten.

Die Illusion der objektiven Realität

Die gesamte „objektive" Realität beruht auf subjektiver Übereinkunft. Doch wenn du diesen Bereich der Übereinkunft genauer erforschst, wirst du feststellen, daß er papierdünn ist – wie eine dünne Haut, die über die Welt, die du wahrnimmst, gespannt ist. Unterhalb dieser Haut stimmt niemand mit irgend etwas überein.

Die Dinge ereignen sich mit einer gewissen Leichtigkeit in einem bestimmten Rhythmus. Doch dann kommst du ins Spiel und versuchst, ihnen eine Bedeutung zu geben, und der Rhythmus und die Leichtigkeit gehen verloren. Sobald du glaubst, du wüßtest, was etwas bedeutet, bist du nicht länger in der Lage, es zu verstehen. Das Verstehen einer Situation erfordert deine Anerkennung und Sympathie. Laß die Situation einfach eine Weile auf dich wirken, bewege dich mit ihr, und du wirst ihre Bedeutung spontan erkennen. Das ist kein intellektueller Prozeß. Der Intellekt fällt ein Urteil und sucht im Außen nach einer Bestätigung für dieses Urteil. Und die Welt besteht aus denjenigen, die dieses Urteil akzeptieren, und den anderen, die dagegen opponieren. In einer solchen Welt kann es nur Konkurrenz, Kampf und Gier geben.

Du fragst dich nicht, wie die Welt aussehen würde, wenn sie frei von Urteilen und Wertungen wäre. Doch das, mein Freund, ist die einzige Frage, die es wert ist, gestellt zu werden. Stellst du dir diese Frage jetzt? Fragst du dich: „Wie wäre mein Leben jetzt, wenn ich es nicht beurteilte?" Solange du äußere Ereignisse nicht von den Wertungen trennst, mit denen du sie beurteilst, kannst du nicht wissen, was sie bedeuten. Wenn du die „Realität" kennen willst, mußt du alle Wertungen und Urteile über sie loslassen und einfach in Achtsamkeit mit ihr verweilen. Das kannst du mit jeder Situation in deinem Leben tun.

Wurdest du gerade mit der Diagnose „Krebs" konfrontiert? Nun, dann sei mit dem Krebs. Erkenne, daß alles, was du über den Krebs denkst – sei es positiv oder negativ –, nichts als eine Interpretation des Krebses ist. Du entscheidest, was er bedeutet. Entscheide nicht, was irgend etwas bedeutet. Laß es einfach sein und verweile damit, bewege dich damit, atme damit. Hör auf, darüber nachzudenken, und du wirst anfangen, es zu verstehen. Vielleicht gelingt es dir nicht, dieses Verstehen in Worte zu fassen. Oder vielleicht doch. Das spielt keine Rolle. Die Einsicht wird kommen.

Den Sinn oder Zweck bestimmter Geschehnisse oder Situationen findest du in der Tiefe deines eigenen Geistes. Um diesen Sinn zu erkennen, mußt du in deinen eigenen Geist hineinschauen. Du verschwendest deine Zeit, wenn du dir äußere, sogenannte „objektive" Ereignisse anschaust und versuchst, den Sinn darin zu entdecken. Du kannst ihn dort nicht finden.

Als erstes möchtest du natürlich andere über deinen Zustand befragen. Du willst die Experten konsultieren, eine erste, zweite und dritte Meinung einholen. Nun, sei ehrlich. Hast du, nachdem du die dritte Meinung eingeholt hast, mehr Klarheit gewonnen, als du nach der ersten hattest? Bist du durch das Konsultieren der Experten zur Einsicht oder zu innerem Frieden gelangt? Wenn ja, solltest du auf der Hut sein! Deine eigene Interpretation durch ihre zu ersetzen wird dir nicht helfen, zu verstehen, was vor sich geht. Wenn du bis zum Kern der Angelegenheit vordringen willst, mußt du dich jeglicher Interpretation enthalten und die Situation auf dich wirken lassen. Wenn jemand auf dich zukommt und dir sagt: „Ich weiß die Antwort", solltest du ihn höflich wegschicken. Seine Antwort vergiftet dich genauso wie dein eigenes Urteil über die Situation.

Sage dir: „Ich weiß nicht, was dies bedeutet, also werde ich mir Zeit lassen, es herauszufinden. Ich werde darauf vertrauen, daß dieselbe intelligente Kraft, die diese Situation in mein Leben gebracht hat, mir deren Bedeutung enthüllen wird." Das ist die liebevollste Art und Weise, damit umzugehen. Diese Haltung befreit dich und alle anderen Menschen in deiner Umgebung von dem Zwang, die Situation zu beurteilen, zu interpretieren oder zu rationalisieren. Du mußt die anderen nicht wegstoßen. Lade sie ein, einfach mit dir zu sein. Laß zu, daß sie deine Hand halten. Schau in ihre Augen. Sei einfach dankbar für ihre Anteilnahme, und laß sie wissen: „Es gibt nichts in Ordnung zu bringen … Zur Zeit findet einfach eine tiefere Bewegung in meinem Leben statt."

Es ist die einfachste Sache der Welt, ohne Urteile und Interpretationen zu leben. Und doch empfindet ihr es als außerordentlich schwierig. Das ist so, weil ihr vergessen habt, wie es ist, einfach zu sein. So wird die einfachste Sache der Welt zum Ziel der kompliziertesten Meditationssysteme. Ihr werdet alle möglichen Methoden finden, die euch lehren, „einfach zu sein". Aber solange eine Methode existiert, seid ihr mit „Tun" beschäftigt.

Ich sage euch, laßt alle eure Methoden fallen. Sie sind unnötig. Hört einfach auf zu urteilen, zu werten, zu interpretieren, zu spekulieren, euch Vorstellungen zu machen. Laßt all das, was nicht „Sein" ist, wegfallen. Dann blüht das Sein von selbst auf. Dann wird aus den anscheinend zufälligen Ereignissen ein anmutiger Tanz. Und ihr werdet ihre Bedeutung verstehen und glücklich darüber sein.

Kein Mensch würde vor seiner Bestimmung zurückschrecken, nachdem sie ihm offenbart wurde. Aber sie kann sich nicht offenbaren, solange er versucht, sein Leben gewaltsam zu öffnen. Sei geduldig. Sei behutsam. Alle Freude und Schönheit deines Lebens steht dir jetzt zur Verfügung. Deine Bestimmung manifestiert sich vollkommen in *diesem Augenblick*.

Suche nicht nach einem Sinn außerhalb deiner eigenen Erfahrung. Vertraue auf das, was ist, und sei damit. Das ist die höchste Lehre, die ich dir vermitteln kann. Denn diese einfache Praxis wird alle Barrieren vor der Wahrheit niederreißen.

Das Wunder:
Zum Ende des Tuns gelangen

Je mehr du in deinem Leben zu tun versuchst, desto größer wird deine Angst vor dem Tod sein. Denn der Tod ist das Ende jeglichen Tuns. Er ist das Ende des Denkens und der emotionalen Reaktionen auf die Gedanken und Handlungen anderer. Der Tod ist das Ende der Trennung… das Ende des Körpers, das Ende des konditionierten Verstandes.

Wenn man den Körper verläßt, gibt es keinen denkenden, träumenden, planenden Verstand mehr, und doch findet unmittelbare Kommunikation statt. Wie kann das sein? Der Geist an sich ist unbegrenzt. Er ist nicht den Gesetzen von Raum und Zeit unterworfen, sondern geht über alle Grenzen hinaus.

Ihr erfahrt nur jenen Teil des Geistes, den ihr auf der individuellen und kollektiven Ebene begrenzt habt, damit er in euren Bezugsrahmen paßt. Doch jenseits eures Verstehens oder Gewahrseins sind noch andere Aspekte des Geistes wirksam.

Der Tod ist das Ende des subjektiven, getrennten Bewußtseins. Er ist das Ende der euch bekannten Form der Kommunikation, denn auf eurer Erfahrungsebene findet Kommunikation zwischen zwei getrennten, separaten Bewußtseinsströmen statt. Diese Erfahrung der Kommunikation ist illusionär, das heißt, sie ist ein extrem begrenzter Aspekt einer Erfahrung, die grenzenlos ist. Jene von euch, die dem Tod schon einmal nahegekommen sind, wissen, daß es eine Realität gibt, die die Wahrnehmungsgrenzen dieser Welt übersteigt. In jener Welt geschieht Kommunikation spontan und allumfassend. Mit anderen Worten, es gibt dort niemanden, der nicht weiß, was du denkst, aber das macht dir nichts aus, denn auch du weißt, was alle anderen denken.

Weil es dort keine privaten Gedanken gibt, wird jeder begrenzende Gedanke sofort durch einen weniger begrenzenden korrigiert. Da deine Selbstwahrnehmung durch deine Gedanken definiert wird, empfindest du nun eine ständige Erweiterung des „Selbst", da das Denken sich über seine Grenzen hinaus ausdehnt.

Das Interessante daran ist, daß du jetzt frei von jeglicher Befangenheit ohne innere Kämpfe mit dem unbegrenzten Sein kommunizierst. Dein Körper badet in Licht. Dein Herz kann die bedingungslose Liebe annehmen und dein Geist hat Zugang zum direkten Verstehen der Wahrheit. All das ist möglich, wenn du einfach still wirst und bereit bist, dies zu erfahren.

Wenn du den Körper verläßt, hast du keine Wahl. Du findest dich mitten in dieser Erfahrung wieder, ob du nun dazu bereit bist oder nicht. Leistest du der Erfahrung Widerstand, wirst du wieder zu einem weiteren begrenzten Körper hingezogen, der dir eine Erfahrung der Wahrheit bietet, die deinem Entwicklungsstand entspricht und dir eine Weiterentwicklung ermöglicht. Bist du aber bereit, die Erfahrung bedingungsloser Liebe zu machen, wirst du dich durch alle Ängste, die du jemals hattest, und alle Einschränkungen, die du dir je auferlegtest, zu einem Ort jenseits aller Ängste oder Begrenzungen bewegen. Das ist der Ort, den ihr Himmel nennt. In den Himmel aufsteigen, den Zyklus von Geburt und Tod beenden, ins Nirwana eingehen, das Karma transzendieren, über den konditionierten Geist hinausgehen – all diese Bezeichnungen bedeuten das gleiche: das letztendliche Ziel der Bewußtseinsreise. Jeder kommt an. Jeder erlangt irgenwann die

Meisterschaft. Alle Formen spiritueller Praxis dienen lediglich dazu, schneller ans Ziel zu kommen. Sie bieten euch die Möglichkeit, die Erfahrung bedingungsloser Liebe und Gnade hier und jetzt zu machen. Sie laden euch ein, innezuhalten, mit dem Tun und Denken, dem Planen und Träumen aufzuhören. Sie laden euch ein, in der Stille Verbindung mit eurem Selbst aufzunehmen. Und sie fordern euch auf, die auf euch bezogenen Gedanken und Handlungen aller eurer Brüder und Schwestern als Spiegel für eure eigenen Gedanken über euch selbst zu betrachten. Sie entwirren das verschlungene Gewebe des Lebens, bis es zu einem einzigen Gedanken, einem einzigen Atem, einer einzigen Handlung wird. Sie vermitteln euch, daß jedes Ereignis, jede Beziehung, jede Geste des Herzens oder Bewegung des Geistes ein Vehikel für Gottesbewußtsein ist. Indem ihr alle Dogmen und leeren Rituale über Bord werft, gelangt ihr zur spirituellen Kernerfahrung, zu der jeder religiösen Tradition innewohnenden Essenz.

Der Aufruf zum Frieden, zur Freude, zum Glücklichsein hallt bereits in eurem Herzen und in eurem Geist wider. Diesem Ruf zu folgen heißt, sich auf den Weg machen. Es spielt keine Rolle, wie ihr es nennt. Es spielt keine Rolle, wie ihr es ausdrückt. Der Weg des Gebens wird sich euch offenbaren, und indem ihr gebt, werdet ihr empfangen. Dieser Weg hat seine eigene, einfache Schönheit und sein eigenes Mysterium. Er verläuft immer anders als ihr denkt und übersteigt doch niemals eure Fähigkeit, den nächsten Schritt intuitiv zu erfassen. Authentische Spiritualität ist niemals linear. Sie gibt euch auch keine Rezepte. Niemand kann euch sagen: „Tut dies oder das, und dies oder jenes wird geschehen."

Was ihr tut, muß aus eurem tiefsten Innern kommen. Es muß frisch, klar und im Herzen zentriert sein. Es muß spontan getan werden. Wenn es noch mit irgendeinem Überbleibsel aus der Vergangenheit, mit irgendeiner Angst vermischt ist, fehlt das Vertrauen, und das Wunder kann sich nicht ereignen. Jedem Gedanken, der frei von Angst ist, jeder Handlung, die frei vom Zwang zum „Tun", „Retten" oder „Heilen" ist, wohnt diese wunderbare Kraft inne. Solche Gedanken und Handlungen unterliegen nicht den Gesetzen von Zeit und Raum und entfalten doch ihre spontane Wirkkraft innerhalb dieser Dimension. Warum ist das so? Weil sie ganz neu sind. Weil sie nicht dem konditionierten Bewußtsein entspringen. Weil sie spontan sind und auf absolutem Vertrauen beruhen. Ein solcher Gedanke oder eine solche Handlung ist ein lebendiges Gebet, das nicht vorweggenommen oder wiederholt werden kann. Es ist nicht das Resultat deines Lernens, sondern entspringt deiner lebendigen Verbindung mit dem unkonditionierten, unbegrenzten Sein.

In der Tiefe deiner Seele erklingt der Ruf, der dich auffordert zu erwachen. Er klingt nicht wie ein Ruf, den irgend jemand anders hört. Wenn du auf andere hörst, wirst du den Ruf nicht vernehmen. Doch wenn du ihn erst einmal hörst, wirst du erkennen, daß andere ihn auf ihre ureigene Weise ebenfalls hören. Und du kannst dich in gegenseitiger Unterstützung mit ihnen vereinen. Indem du sie segnest, segnest du dich selbst. Indem du ihnen die Freiheit läßt, ihren eigenen Weg zu gehen, gibst du dir selbst die Freiheit, deinen Weg zu gehen. Hier gibt es keine Konkurrenz. Keine Gier. Denn es gibt nichts zu „erringen", nichts zu „erreichen". Alles ist da, um weitergegeben zu werden. Und in jedem Geschenk, das gegeben wird, sei es deines oder das eines anderen, ist das Wunder enthalten.

Der Weg der Vergebung

Ich habe den Weg der Vergebung gewählt, weil nur er das Siegel der Zeit von der Wunde löst. Wenn es keine Zeit gibt, gibt es keine Wunde. Laß die Vergangenheit los, und du bist frei von Schmerz und Leid. Das ist einfach, nicht wahr? Die Zeit läßt die Wunde real erscheinen. Sie läßt den Tod real erscheinen. Sie läßt alle Veränderungen, die in deinem Leben geschehen, real erscheinen. Und doch ist nichts davon real.

Könntest du nur einen einzigen Augenblick frei von Zeit sein – und ich versichere dir, daß du das kannst –, würdest du verstehen, was Erlösung bedeutet. In diesem zeitlosen Moment ist nichts, was du gesagt oder getan hast, von Bedeutung. In diesem Moment gibt es nichts zu besitzen: keine Vergangenheit, keine Zukunft, keine Identität. Hier existiert nur der Augenblick reinen Seins, urteilsfrei und jenseits jeder Trennung. Es ist der Moment, in dem du bereits die ganze Zeit weilst, ohne es zu wissen.

Stell dir vor: Du bist bereits im Himmel und weißt es nicht! Du bist im Himmel, aber du akzeptierst ihn nicht. Der Himmel unterstützt den Ehrgeiz deines Egos nicht, keinen deiner Pläne und Träume. Der Himmel unterstützt dich nicht in deinen Machtkämpfen, in deinem Lernen, ja noch nicht einmal in deinem Vergebungsprozeß. Im Himmel ist Vergebung nicht notwendig. Warum nicht? Weil im Himmel niemand schuldig ist! Niemand, der im gegenwärtigen Augenblick weilt, hat ein Verbrechen begangen oder einen schlimmen Gedanken gedacht. Im Himmel findet ihr keine Unterstützung für eure Seifenoper, die sich um Verbrechen und Bestrafung, um Sünde und Erlösung dreht. Im Himmel gibt es nichts, was in Ordnung gebracht werden muß. Auch in diesem Augenblick gibt es nichts, was in Ordnung gebracht werden muß. Immer wenn du dich daran erinnerst, bist du im Königreich.

Du glaubst, du würdest in den Himmel aufgenommen, wenn du „gut" bist. Doch nicht einmal zwei von euch können sich darüber einigen, was es bedeutet, „gut" zu sein. Ist es also verwunderlich, daß die Straßenkarte zum Himmel ziemlich unklar ist? Einige von euch haben eine etwas erleuchtetere Perspektive. Sie glauben, daß es in Ordnung ist, wenn sie einen Fehler gemacht haben – aber dann müssen sie von ihren Sünden erlöst werden. Sie glauben, sie müßten ihre alten Gewohnheiten ablegen und verstehen, daß ich für ihre Sünden gestorben bin! Das, meine Freunde, ist nichts als leeres Geschwätz. Ich frage euch: Warum sollte ich für eure Sünden sterben? Ich habe sie nicht begangen! Ich glaube, ihr denkt, ich sei ein großartiger Bursche. Ich bin so „gut", daß ich eure Sünden einfach wie ein Schwamm aufsaugen kann und dennoch von ihnen unberührt bleibe. Dann sind wir alle fein raus, nicht wahr? Wirklich? Nun glaubt ihr, eure Erlösung hinge von mir ab. Und was ist, wenn ich euch nicht erlöse? Werdet ihr mich wieder kreuzigen? Oder euch vielleicht selbst das Leben nehmen? Ist das eure Art zu zeigen, daß alles in Ordnung ist? In Wirklichkeit sage ich eigentlich etwas ganz anderes. Ja, alles ist in Ordnung – aber nicht in irgendeiner fernen Zukunft oder durch irgendeinen Glaubensakt euererseits. Alles ist jetzt in Ordnung, ohne daß ihr irgend etwas in Ordnung bringen müßt und ohne daß ich etwas in Ordnung bringen muß.

Wenn ihr das verstehen wollt, müßt ihr den Weg der Vergebung wählen. Immer wenn ihr denkt, mit irgend etwas oder irgend jemandem sei etwas verkehrt, sollt ihr euch dafür vergeben, daß ihr diesen Gedanken gedacht habt. Immer wenn ihr denkt, mit euch selbst sei etwas verkehrt, sollt ihr euch diesen Gedanken vergeben. Sagt euch: „Das scheint nicht in Ordnung zu sein, aber was weiß ich schon? Wahrscheinlich muß ich mir hier etwas anschauen, was ich nicht sehen möchte. Deshalb denke ich, es sei nicht in Ordnung; weil ich das nicht anschauen will." Seid bereit, euch die Dinge, die ihr verdammt und verurteilt, anzuschauen. Das ist die schnellste Möglichkeit, euch von eurer Schuld zu befreien. Was oder wer in euren Augen nicht in Ordnung ist, zeigt euch nur, was in euren Augen an euch selbst verkehrt ist. Das ist eure Schuld, meine Brüder und Schwestern. Ihr tätet gut daran, sie euch anzuschauen, denn sonst wird sie weiterhin euer Leben bestimmen.

Hört auf zu versuchen, Illusionen Wirklichkeit werden zu lassen. Hört auf zu versuchen, eure Urteile zu rechtfertigen. Das verstärkt nur eure Überzeugung, daß ihr von anderen getrennt seid. Seid mutig. Geht ein echtes Risiko ein. Erkennt, daß euch nichts anderes belastet als eure Schuld. Schaut euch alles an, was euch belastet, und vergebt euch dafür, daß ihr es so ernst nehmt. Nur ein schuldiger Mensch wird die Dinge in eurer verrückten Welt so ernst nehmen. Es gibt nur einen einzigen Menschen, dem du auf deiner Reise vergeben mußt, und das bist du selbst. Du bist der Richter, der Geschworene und der Gefangene. Das ist mit Sicherheit eine unheilige Dreifaltigkeit!

Entspanne dich, mein Freund. Alles, was du deiner Meinung nach anderen angetan hast, ist nichts als eine Form der Selbstbestrafung. Du bist derjenige, der mit der Schuld leben muß, nicht sie. Je schuldiger du dich fühlst, desto mehr wirst du dich niedermachen. Und wenn du deine Schuld auf jemand anderen projizierst und ihn niedermachst, machst du die Last der Schuld, die du mit dir herumschleppst, nur noch schwerer. Der einzige Weg, der aus diesem Labyrinth der Angst hinausführt, ist die Praxis der Vergebung. Vergib alles, was in deinen Augen nicht in Ordnung ist, indem du dir selbst dafür vergibst, daß du urteilst. Betrachte jedes Urteil, das du fällst, mit Mitgefühl für dich selbst und die Person, die du verurteilst. Rechtfertige deine Urteile nicht, damit du deine Illusionen nicht zur Realität machst. Im gegenwärtigen Augenblick fallen Ängste, Urteile und Erwartungen in sich zusammen. Vergangenheit und Zukunft werden ins Hier und Jetzt gebracht. Und so gibt es nur diesen Augenblick und deine augenblickliche Betrachtungsweise. Wenn du die Dinge angstvoll betrachtest, dann schau deiner Angst direkt ins Gesicht. Betrachtest du sie wertend, so schau dir dein Urteil direkt an. Und indem du dir deine Angst und dein Urteil vergibst, lösen sie sich auf. Du blickst nicht mehr durch eine dunkle Glasscheibe. Du verweilst entspannt mit dem, was ist. Vergebung ist der Weg, denn sie löst die Wunde aus dem eisernen Griff der Zeit! Wo keine Zeit ist, ist keine Wunde. Du bist nicht schuldig, du hast keine Sünde begangen, mein Freund. Aber du bist überzeugt davon, daß du schuldig bist. Und solange du das glaubst, brauchst du Vergebung. Das ist der einzige Weg, der dich aus deiner selbstgeschaffenen Illusion herausführen kann.

Du bist der irrigen Ansicht, daß du andere verletzen kannst und daß andere dich verletzen können. Solche Gedanken beherrschen eure Welt. Und so bist du hierher gekommen, um all die Auswirkungen deiner Überzeugungen und Glaubenssätze zu sehen und letztendlich zu erkennen, daß sie nicht wahr sind. Könnte nur ein einziger von euch verletzt werden, könnte eure Ganzheit in irgendeiner Weise durch Leid oder Tod zerstört werden, dann wäre eure Welt für das Göttliche unerreichbar, und all eure mörderischen Gedanken würden ihr zerstörerisches Werk in alle Ewigkeit fortsetzen. Eure Welt wäre ein düsterer Ort, an dem niemand Erlösung finden könnte. Ich weiß, daß es manchmal so aussieht, als sei das wahr. Aber es ist jetzt nicht wahr und war niemals wahr – selbst in den dunkelsten Zeiten nicht. Eure Welt, euer Leben, eure Gedanken waren niemals außer Reichweite des Göttlichen, denn der Himmel ist hier, mein Freund, und er ist jetzt hier.

Du siehst, was du sehen willst, denn jegliche Wahrnehmung beruht auf einer Wahl. Wenn du aufhörst, dem, was du siehst, deine Interpretationen überzustülpen, werden sich deine spirituellen Augen öffnen, und du wirst eine Welt sehen, die frei von jeglicher Wertung in ihrer unendlichen Schönheit erstrahlt.

Die irdischen Ketten werden von dir abfallen, und du wirst frei sein, um zu deinem Platz unter den leuchtendsten Sternen aufzusteigen. Von dort aus wirst du auf die Erde niederschauen, so, wie ich es jetzt tue, und wirst voller Mitgefühl sagen: „Auch ich bin dort voller Angst umhergewandert und habe gelernt, durch all meine Ängste hindurchzugehen. Es ist ein heiliger Ort, ein Ort, wo jeder Feind zum Freund und jeder Freund zum Bruder und Lehrer wurde. *Ein heiliges Land*, wo der Traum von Tod und Trennung sein Ende fand. Ich fühle mich geehrt, daß ich diese Reise machen durfte, und ich bin glücklich, endlich wieder zu Hause zu sein."

Dann wirst du wissen, daß du diese Reise nicht machen mußtest, um erlöst zu werden. Du hättest gleich zu Hause bleiben und deine makellose Unschuld behalten können. Hättest du dich aber nicht auf diese Reise begeben, so hättest du deine Unschuld nie erkannt, so wie ich sie kenne und wie dein Vater oder deine Mutter sie kennen. Ein Engel, der niemals gefallen ist, kann auch nie zum Mitschöpfer Gottes werden, denn er oder sie ist nicht fähig, irgend etwas bewußt zu erschaffen. Um etwas bewußt erschaffen zu können, mußt du deine Schöpfung verstehen. Und um deine Schöpfung verstehen zu können, mußt du dich in sie hineinbegeben und ihre Reise selbst miterleben.

Das hast du getan, mein Freund. Und nun heiße ich dich wieder daheim willkommen. Reich und makellos bist du von deiner Reise durch Sünden und Tod zurückgekehrt. Halleluja! Luzifer ist erlöst worden. Der verlorene Sohn ist nach Hause zurückgekehrt. Alle Engel im Himmel jubilieren. Und auch diejenigen, die sich einst selbst auf diese Reise begeben haben, vergießen Tränen der Freude.

Der Tod des Egos

Es liegt in der Natur des Egos, trennen und erobern zu wollen. Wo es nicht trennen kann, kann es nichts erobern. Jeder Gedanke ist entweder trennend oder einigend. Gedanken, die eine Idee von einer anderen oder einen Menschen von einem anderen trennen, verschleiern eure Wahrnehmung der Einheit. Gedanken, die Menschen oder Ideen miteinander verbinden, offenbaren die Einheit.

Ideen können genauso leicht zu Gegnern werden wie die Menschen, in deren Köpfen sie existieren. Du glaubst, du könntest die Ideen und Vorstellungen eines anderen Menschen angreifen, ohne ihn anzugreifen, aber nur sehr wenige Menschen werden sich nicht persönlich angegriffen fühlen, wenn du ihre Vorstellungen angreifst.

Die Menschen identifizieren sich mit ihren Gedanken. Wenn du mit Menschen kommunizieren willst, solltest du versuchen, eine Möglichkeit zu finden, ihre Ideen und Vorstellungen anzuerkennen und in die Kommunikation einzubeziehen. So wird es ihnen, wenn du dann deine eigenen Ideen äußerst, leichter fallen, sie anzuerkennen. Es wird den Menschen niemals gelingen, in Frieden miteinander zu leben, solange ihre Ideen und Vorstellungen nicht konkurrenzlos nebeneinander stehen dürfen. Die Vorstellung eines anderen Menschen selbst dann zu akzeptieren, wenn man anderer Meinung ist, heißt, ihm Achtung und Vertrauen entgegenzubringen.

Um mit anderen in Frieden leben zu können, mußt du dein Augenmerk auf das richten, was dich mit ihnen verbindet, nicht auf das, was dich von ihnen trennt. Wenn du sehen kannst, was euch verbindet, kannst du eure Verschiedenheit respektieren. Siehst du aber, was euch trennt, wirst du versuchen, diese Unterschiede zu überwinden. Der Versuch, Unterschiede zu überwinden, muß immer fehlschlagen. Das ist so, weil Unterschiede etwas Gesundes sind. Solange sie respektiert werden, stehen sie der Möglichkeit zu Nähe und Herzensbeziehungen zwischen den Menschen nicht im Wege. Gib anderen immer genügend Raum, anders zu sein. Dann wirst du auch Nähe zu ihnen zulassen können. Wenn du glaubst, du müßtest wie ein anderer werden, damit er dich akzeptiert, oder er müßte werden wie du, damit du ihn akzeptieren kannst, versuchst du, die Unterschiede „zu überwinden".

Laß die Unterschiede einfach da sein. Du bist in Ordnung, so wie du bist, und der andere ist es ebenfalls. So bleibt der Friede in deinem und in seinem Herzen gewahrt. Alles ist in Ordnung. Erkenne, wie sehr du versuchst, andere zu ändern, damit sie deinem Bild von ihnen entsprechen. Nimm wahr, wie andere versuchen, dich zu ändern. Spüre, wie ihr aneinander zieht. Das ist die Welt des Egos. Und nichts ist so unsicher wie das Ego. Deshalb versucht es immer, Partei zu ergreifen und seine Position zu stärken. Es besitzt kein natürliches Selbstvertrauen und daher keine geistige Großzügigkeit.

Es haßt alles, weil es sich selbst haßt. Sein ganzer zur Schau gestellter Stolz ist nichts als Bluff. Wenn du einen Blick dahinter wirfst, wirst du eine offene Wunde finden. Das Ego ist jener Teil von dir, der nicht weiß, daß du geliebt wirst. Es kann keine Liebe geben, weil es nicht weiß, daß es Liebe zu geben hat. Wie kann der Ungeliebte, der nicht Liebenswerte, Liebe finden? Das ist der Schrei jeder Seele, die hier in der Welt im Exil lebt. Man muß dem Ego beibringen, daß es Liebe hat. Das ist eine bedrohliche Vorstellung, denn sobald das Ego erkennt, daß es Liebe hat, hört es auf, Ego zu sein. Das Ego muß als Ego sterben, um als Liebe wiedergeboren zu werden. Jetzt weißt du, wieso sich die meisten Menschen gegen die Erleuchtung sträuben. Die Vorstellung aufzuwachen, ist für jeden, der noch schläft, beängstigend. Du denkst: „Wenn ich aufwache, bin ich vielleicht nicht mehr da!" Deshalb sind eure Angst vor dem Tod und eure Angst vor dem Aufwachen ein und dasselbe. Das unbegrenzte, universale Selbst wird nicht geboren, bevor das begrenzte, irdische Selbst stirbt. Der Tod ist dir also gewiß – so oder so. Entweder wirst du sterben, oder du wirst aufwachen, was nur eine andere Art des Sterbens ist.

Wenn du erst einmal erwacht bist, ist das Sterben keine große Sache mehr. Du hast keine hochgeschätzte Identität mehr zu verlieren. Ob du dann noch länger in deiner physischen Form bleibst oder nicht, ist unwesentlich. Du mußt so oder so präsent sein. Sterben ist eine der besten Möglichkeiten zu lernen, präsent zu sein. Wenn du schnell aufwachen möchtest, könntest du es mit dem Sterben versuchen. Während du stirbst, bist du dir der Dinge auf eine Weise bewußt wie nie zuvor. Du nimmst jeden Atemzug, jede Nuance, jede Blume, jedes Wort oder jede Geste der Liebe wahr. Sterben ist so etwas wie ein Schnellkurs im Aufwachen. Das bedeutet allerdings nicht, daß jeder, der stirbt, auch aufwacht. Es bedeutet einfach nur, daß er am Kurs teilgenommen hat. Diejenigen, die den Kurs erfolgreich abschließen, sind damit zufrieden, dort zu sein, wo immer sie hingeschickt werden. Wenn das bedeutet, daß sie sich irgendwo in einem Körper aufhalten sollen, so ist das in Ordnung. Wenn es bedeutet, daß sie einem in einem Körper inkarnierten Wesen Beistand leisten sollen, so ist auch das in Ordnung. Es spielt eigentlich keine Rolle, wohin du gehst, denn es gibt nichts zu beweisen. Du bist einfach da, um zu helfen.

Die Loslösung von einer bedeutungslosen Identität ist ein unvermeidbarer Aspekt des Nachhausekommens. Je weniger du besitzt, das du schützen mußt, desto hilfreicher kannst du sein. Und je hilfreicher du bist, desto glückseliger wird deine Erfahrung.

Obwohl ich nicht so weit gehe zu behaupten „Sterben macht Spaß", sage ich doch, daß das Sterben nur deshalb „keinen Spaß macht", weil du dich immer noch an irgendeinen letzten Fetzen der Selbstdefinition klammerst. Deine gesamte Lebenserfahrung auf der Erde ist ein Lernprozeß: Du lernst, auf dich selbst, auf deinen Nächsten und auf Gott zu vertrauen. Im Augenblick des Erwachens, in dem das Vertrauen voll aufblüht, werden diese drei Aspekte des Selbst eins.

Dieser Moment kann nicht mit Worten beschrieben werden, aber ich versichere dir, daß du ihn erleben wirst. Und solange du ihn nicht erlebt hast, wird dir nichts jemals wirklich sinnvoll erscheinen.

Das Geschenk

Vergebung ist ein Geschenk, das dir für immer gegeben wurde. Es ist nicht etwas, das du heute bekommst und das dir morgen wieder genommen werden kann. Es ist immer da, und es ist das einzige Geschenk, das du brauchst, um über die Erfahrung von Schmerz und Leid hinauszugehen.

Vergebung wirkt in dieser Welt, aber sie ist nicht von dieser Welt. Sie kommt aus der geistigen Welt und kann ihre Quelle nicht vergessen. Wie oft dieses Geschenk auch empfangen und gegeben werden mag, es kann sich nie erschöpfen. Auf jede Sünde oder jede Wahrnehmung von Sünde hält die Vergebung die Antwort bereit.

Du verstehst nicht, wie ungeheuer groß dieses Geschenk ist, denn du hast es noch nicht in allen Bereichen deines Lebens angenommen. Du hast es noch nicht in allen Situationen angenommen. Wenn du das tust, wirst du wissen, daß es keinen Winkel gibt, in den es nicht gelangen kann. Es gibt keine Situation, in der dieses Geschenk nicht gegeben oder empfangen werden kann. Vergebung ist das einzige Geschenk, für das nichts zurückgegeben werden muß. Und deshalb ist sie das einzige Geschenk, das ohne Schuldgefühl gegeben und empfangen werden kann.

Du kannst dir jetzt noch nicht vorstellen, welche allumfassende Liebe hinter der Tür, welche die Vergebung öffnet, auf dich wartet. Deshalb hilft es dir nicht, wenn ich darüber spreche. Sei, wie du bist. Steh vor der Tür und klopfe an. Sei geduldig und gib dich hin. Sei bereit, dir

jeden schmerzhaften und zerstörerischen Gedanken anzuschauen und ihn dann loszulassen. Wisse, daß jeder
Gedanke dich entweder erlöst oder einkerkert, und wähle
die Erlösung.

Wenn Frieden in dein Herz einzieht, wird sich die Tür
öffnen. Der Schleier wird gelüftet. Moses wird das gelobte
Land betreten. Bis dahin bleibe, wo du bist, im Herzen
deiner Praxis.

Gott gab dir ein einziges Geschenk auf deine Reise mit.
Er sagte: „Mein Sohn, vergiß nicht, daß du deine Meinung
jederzeit ändern kannst."

Er sagte nicht: „Geh nicht fort, Sohn." Er sagte auch
nicht: „Mein Sohn, es wird dir schlimm ergehen, bis du
wieder zu mir zurückkehrst." Er sagte einfach: „Vergiß
nicht, du kannst deine Meinung jederzeit ändern." Du
kannst deine Meinung über jeden schmerzhaften und un-
versöhnlichen Gedanken, den du denkst, ändern.

Du kannst jeden Gedanken, der dich unglücklich
macht, in Frage stellen und einen anderen Gedanken denken, der dich befreit und die Freude in dein Herz zurückkehren läßt.

Gott sagte nicht: „Ich lasse meinen Sohn keine Fehler
machen." Er sagte: „Ich vertraue darauf, daß du zu mir
zurückkehrst, und ich gebe dir ein Geschenk mit, das dich
auf deinem Weg nach Hause führen wird." All deine Fehler bedeuten Ihm nichts. Für Ihn bist du einfach ein Kind,
das seine Welt erforscht und durch Versuch und Irrtum
die Gesetze kennenlernt, die sie regieren. Gott hat diese
Gesetze nicht gemacht. Du hast sie gemacht, als du dir
diesen Spielplatz ausdachtest. Nur eines hast du vergessen – das, was Gott dir mit seinem Segen auf den Weg gab.
Er sagte: „Wohin dich deine Reise auch führen mag, mein
Sohn, vergiß nicht, daß du deine Meinung jederzeit ändern kannst."

Durch einen einzigen liebevollen Gedanken machte Er veränderbar, was du endgültig festschreiben wolltest.

Du erschufst die Asche des Todes. Er erschuf die Flügel des Phönix. Auf jeden zerstörerischen Gedanken, den du denken würdest, gab Gott eine einfache Antwort. „Vergiß nicht, mein Sohn, du kannst deine Meinung jederzeit ändern."

Wie Prometheus hast du versucht, das Feuer der Götter zu stehlen. Doch Er hat dich nicht dafür bestraft. Er hat dich nicht an den Felsen gekettet, wo du in alle Ewigkeit mit den Geiern als deinen einzigen Spielkameraden Vorlieb nehmen müßtest. Er sagte: „Nimm dieses heilige Feuer, mein Sohn, aber sei vorsichtig und vergiß nicht, daß du deine Meinung jederzeit ändern kannst."

Wie Adam und Eva standest du im Garten Eden, und deine Neugier trieb dich, etwas über Gut und Böse zu erfahren. Als Er merkte, daß dein Verlangen nach Wissen nicht vergehen würde, schickte Er dir die heilige Schlange mit einem Apfel und lud dich ein, davon zu essen. Entgegen der gängigen Meinung stellte Er dir damit keine Falle, um dich dann aus dem Garten zu verbannen. Er sagte einfach: „Gib acht, mein Sohn. Wenn du von dieser Frucht ißt, wird sich deine Wahrnehmung der Welt verändern. Dieser Garten könnte dir plötzlich wie eine ausgetrocknete Wüste vorkommen. Dein Körper, den du jetzt in seiner unschuldigen Anmut und Ganzheit siehst, könnte plötzlich verschiedene Körperteile haben, die du akzeptierst, und andere, derer du dich schämst. Dein Geist, der jetzt jeden meiner Gedanken mit mir teilt, könnte plötzlich scheinbar Gedanken denken, die den meinen entgegengesetzt sind. Dualität und Gefühle der Getrenntheit könnten scheinbar Eingang in dein Bewußtsein und deine Erfahrungswelt finden. Dieser kleine Bissen des Apfels könnte all das und noch mehr nach sich ziehen, aber vergiß nicht, mein Sohn, du kannst deine Meinung jederzeit ändern."

Es liegt Gott nicht nur fern, dich für deine Fehler zu verdammen, Er ist noch nicht einmal über sie besorgt. Er weiß, daß das Kind sich an der offenen Flamme verbrennen wird. Er weiß, daß der Apfel ihm Verdauungsbeschwerden bereiten wird. Aber Er weiß auch, daß das Kind lernen wird, vorsichtig mit der Flamme umzugehen und sie zu nutzen, um sich zu wärmen und seinen Weg zu erhellen. Und Er weiß, daß der Körper sich an die Säure des Apfels gewöhnen und ihn als Nahrung annehmen wird.

Er weiß, daß deine Entscheidung „zu wissen" dich in gefährliche Situationen bringen wird, Situationen, in denen du überzeugt bist, dein Glück hinge davon ab, wie andere dich behandeln, Situationen, in denen du vergißt, daß du kein verletzlicher Organismus in einem verwüsteten und feindlichen Land bist. Er weiß, daß du deine Herkunft vergessen wirst und daß der Garten zu manchen Zeiten nur eine ferne Erinnerung für dich sein wird und du nicht einmal weißt, ob er wirklich existiert hat. Er weiß, daß Zeiten kommen werden, in denen du Ihn für all deine Schwierigkeiten verantwortlich machst und vergißt, daß du derjenige warst, der beschlossen hat „zu wissen".

Doch all das beunruhigt Ihn nicht. Denn als du dich anschicktest, dich auf deine Höllenfahrt der Trennung zu begeben, sagte Er zu dir: „Warte einen Moment, mein Sohn. Es kann lange dauern, bis wir uns wiedersehen. Möchtest du nicht dieses einfache Geschenk von mir annehmen und es zur Erinnerung an mich bei dir tragen, wohin du auch gehen magst?" Die meisten von euch erinnern sich nicht daran, daß sie antworteten: „Ja, Vater." Aber ich versichere euch, daß ihr diese Antwort gegeben habt. Und so begleitete euch die Stimme Gottes, als ihr ins Exil gingt. Und sie ist immer noch mit jedem von euch.

Wenn du dich also verlassen und verloren fühlst, wenn du vergißt, daß du dich entschieden hast, diese Reise zu machen, dann erinnere dich an seine Worte: „Du kannst deine Meinung jederzeit ändern." Ich bin hier, um dir zu helfen, dich daran zu erinnern. Das ist nicht mein Geschenk, sondern Gottes Geschenk an dich. Weil ich das Geschenk von Ihm empfangen habe, kann ich es an dich weitergeben. Und wenn du es von mir empfängst, kannst du es an deinen Nächsten weitergeben.

Aber ich muß dich davor warnen, dich allzusehr mit der Identität des Schenkenden zu beschäftigen. Ich bin nicht wichtig. Ich bin nicht das Geschenk, sondern nur derjenige, der es weiterreicht, so wie du selbst. Wir wollen uns der Quelle des Geschenks erinnern, so daß wir es frei geben und empfangen können. Christus ist der Geber und der Empfänger von Gottes Geschenk. Und jedesmal, wenn du das Geschenk weitergibst oder empfängst, wird der Christus in dir geboren. Es spielt keine Rolle, wer dir das Geschenk der Vergebung anbietet. Es kann dein Kind sein, deine Mutter oder dein Vater, dein Freund oder dein Feind. Wichtig ist allein, daß du es entgegennimmst. Und indem du es empfängst, wirst du zum Christus, ebenso wie der Gebende zum Christus wird.

Alle, die Gottes Geschenk weitergeben oder empfangen, sind die Gastgeber des Christkindes. Jeder von euch ist Joseph und Maria, die das Kind Gottes auf der Welt willkommen heißen. Und jeder von euch ist dieses Kind, welches das Geschenk grenzenloser Liebe von Mutter und Vater entgegennimmt.

Gebt acht, an welche Dinge ihr glaubt. Vieles, was eurer Überzeugung nach von Gott kommt, ist lediglich ein Produkt eurer eigenen Ängste und Befürchtungen. Wenn du nach der Wahrheit suchst, solltest du besser keine Bibel, kein heiliges Buch und keine heilige Schrift studieren, die in der Vergangenheit geschrieben wurde. Richte deine Aufmerksamkeit statt dessen auf die Wahrheit, die jetzt in diesem Moment in deinem Herzen geschrieben wird.

Gott gab dir das Geschenk der Vergebung. Dieses Geschenk begleitet dich überall hin. Und wenn du nicht mehr darauf vertraust, schickt Er dir Seinen Sohn, um dich an dieses Geschenk zu erinnern. Und Sein Sohn sagt dir, daß du das Geschenk weitergeben mußt, wenn du es behalten möchtest.

Viele Lichtwesen sind als der Christus auf dieser Erde erschienen, um euch an diese einfache Wahrheit zu erinnern. Jeder von uns hat die gleiche Aufgabe, denn Christus ist keine Person, sondern ein Hüter der Flamme, ein Geber des Geschenkes und ein Botschafter der Liebe. Er bringt Licht, weil er sich in der Dunkelheit der Welt an das Licht erinnert hat. Er bringt Liebe, weil er das Geschenk entgegengenommen und gelernt hat, es ohne Bedingungen an alle weiterzugeben, die es empfangen möchten.

Was wir getan haben, wirst auch du tun – und noch mehr. Denn in deiner Erlösung liegt die Erlösung aller Söhne und Töchter Gottes. Du, der du den Christus in deinen Brüdern und Schwestern siehst, wirst ihnen helfen, ihn in dir zu sehen. Und so wird sich das Licht der Wahrheit in vielen Herzen entzünden, und der Stern von Bethlehem wird erneut am Himmel aufsteigen.

Viele Weise – Männer und Frauen mit offenem Herzen und Geist – werden sich versammeln, um die Geburt des Gottessohnes auf der Erde zu bezeugen. Und viele werden ihn bekämpfen, weil sie nicht verstehen, daß er nichts anderes ist als sie selbst. Doch alle Träume von Kreuzigung, Opfer und Verlust werden sich den Kräften der Liebe umsonst entgegenstellen, und die Liebe wird siegen. Christus wird seine Arme ausstrecken und das verletzte Kind trösten. Und dieses Kind wird im Licht seiner Liebe aufsteigen und den Grabstein beiseite stoßen. Alle, die im Exil lebten, werden nach Hause zurückkehren, ins Herz Gottes, ins gelobte Land. Wenn du das liest, wisse, daß dies dir geschehen wird. Fasse Mut, denn ich bin bei dir.

Laßt uns Gott gemeinsam für Sein Geschenk der Liebe und Vergebung danken, für sein immerwährendes Vertrauen in unsere Fähigkeit, unseren Weg zurück nach Hause zu finden. Vater, wir erinnern uns daran, daß deine Stimme, immer und überall, in jeder Situation mit uns ist, und wir verlassen uns darauf, daß sie unsere Gedanken und Schritte lenkt. Dank dir sind wir nicht allein. Dank dir haben wir unsere Brüder und Schwestern. Du hast uns nicht ohne Trost zurückgelassen, sondern uns mächtige Gefährten zur Seite gestellt, die unseren Weg erhellen.

In deinem Namen feiern wir unsere Reise hier und beten ohne Unterlaß um das Ende der Schuld, welche die einzige Ursache allen Leids ist. Und während wir uns auf dieses Ende zubewegen, nehmen wir das Geschenk an, das du uns gabst, das einzige Geschenk, das wir ohne Schuldgefühl empfangen oder geben können. Danke, Vater, für das Geschenk der Vergebung. Wir werden es weise nutzen. Wir werden es unter allen Umständen und in jeder Situation nutzen. Mit diesem Geschenk werden wir dein Licht in alle dunklen Winkel unserer Seelen bringen.

Gebet

Es gibt nur einen Sohn Gottes
und du bist Er.

Von Ihm empfängst du.
Ihm gibst du.

Wenn du dich selbst betrachtest,
wirst du dich erinnern.

Wenn du deinen Nächsten betrachtest,
wirst du dich erinnern.

Wenn du dich furchtsam abwendest,
erinnere dich nur an dies:

Subjekt und Objekt,
Liebender und Geliebter,

sind nicht zwei,
sondern ein und derselbe.

Was du gibst
und was du empfängst,

spiegelt einander.